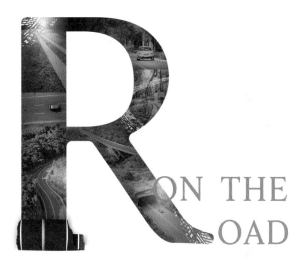

R ON THE ROAD

路在前方

改造 23 個臺灣公路生活圈

前言

序文

大師說路

" *Country road, take me home,*
To the place I belong...... "

串起大城繁華小鄉活力，走至海角遼闊深山秘境
帶我回家，或去遠方
更好的公路，看見更好的生活

公路　流動的史詩

臺灣公路的形成、故事與文化，始終與人、與生活密不可分。數百年前，原住民族為狩獵、採集植物或尋溪取水，在高山密林間闖蕩出一條條獵徑；漢人來臺墾拓闢土，或為避災遷徙、或為運補物資翻山越嶺，足跡由南而北，從西向東，一步步、一代代走成魚路、米路、鹽路、炭路、牛車路……臺灣最初的道路逐漸成形，大大小小的山途野徑遍及平原山林。

擴大公共建設　發展城鄉共榮

一般常將「道路」與「公路」混為一談，實則不同。依《道路交通管理處罰條例》，道路指公路、街道、巷衖、廣場、騎樓、走廊或其他供行人、車輛通行的地方。公路規範相對嚴格，不僅指特定對象，還須有一定的設計標準。依《公路法》明定，指的是國道、省道、市道、縣道、區道、鄉道、專用公路及其用地範圍內的各項公路有關設施。簡而言之，公路是給各種無軌車輛與行人通行的基礎設施、串起城鄉之間的聯繫，讓人得以移動、貨物得以流通的媒介。

臺灣道路的現代化，始於日治。清光緒 21 年（民國前 17 年），日人修築縱貫線（省道台 1 線），原本被重重高山河川阻絕分隔的全島各區自此串連一統。戰後政府設立公路總局，

民國 50 年進行全臺省、縣、鄉道公路普查，建立公路登記制度。51 年，臺灣公路總里程僅 1 萬 4,508.5 公里，在「打造全臺生活圈」概念架構的積極推展下，到了 106 年，公路總里程已大幅成長三倍，達 4 萬 3,206 公里，經歷 70 多年新闢及拓寬，路網已趨於完整，提供便捷快速的貨運物流運輸骨幹，對國家經濟建設發展貢獻卓著，也讓民眾就業通勤與旅遊更加便利。

　　然而許多鄉鎮由於道路養護經費長年不足，或是過往建設缺乏長期規劃，加上管線挖掘頻繁，道路景觀凌亂，路面坑洞、不平整、積水等問題層出不窮，不僅影響市容觀瞻，對用路安全形成威脅；更導致在地生活品質下降、人口外移嚴重、城鄉發展不均衡，亟需重新全面檢視。總統蔡英文指出，「人」才是地方創生的成敗關鍵，政府的資源必須用在最關鍵、最需要的地方；因此 105 年行政院通過「國家發展計畫—106 至 109 年四年計畫暨 106 年計畫」，依循總統揭示「創新、就業、分配」核心理念，在「擴大公共建設，發展城鄉共榮」的施政大原則之下，打造、優化基礎建設的前瞻計畫在全臺各地如火如荼開展。

全臺 343 條公路 全面提升道路品質

交通為建設之母，公路是民眾生活之所需、基礎建設不可或缺的重要環節。交通部公路總局擔負起前瞻計畫中「提升道路品質」的重責大任，針對全臺 343 條公路進行改善，不僅數量之多，各公路工程的改善重點更是涵蓋廣泛。

執行計畫前，公路總局針對過往公路修建不足之處進行盤點，包括：

● 部分道路路面不夠平整，孔蓋凸出，邊溝排水斷面不足。

● 道路空間綠化、透水及保水程度不足。

● 道路路燈標誌及號誌桿未採共桿處理，標誌及標線過度設置未予整合。

● 道路景觀缺乏人文地景特色。

因此，這次的提升道路品質計畫，不單進行路面刨鋪修整，而是將現有道路以人本需求為前提，重新規劃設計，以提升路面品質、美化道路景觀、提高行車安全及永續用路環境做為政策目標，鼓勵各地方提出整合型道路品質改善計畫，依道路現況同步辦理電桿、孔蓋下地、號誌共桿及增設人行空間等友善設施。

在公路設計上，有些輔以友善生態工法，有些融入地方人文特色，融合先進設施及環境思維，提供安全、順暢、便捷的用路空間，並串連公路周邊環境、社區、景點，全面提升民眾通行、旅遊及在地生活機能的多元需求。

「前瞻基礎建設—提升道路品質建設計畫（公路系統）」自106年9月開始推動執行，已補助各地方政府343件工程案件，涵括「既有道路養護整建」、「綠色生態路網建置」、「設立道路幸福設施」、「形塑城鄉人文地景道路」等項目，依據「路面改善」、「孔蓋下地」、「增加綠化面積」、「減少二氧化碳排放」、「改善自行車通行空間」等5項指標，進行各縣市補助案件涵蓋率分析，進行路面改善，另計畫進行路面改善大多同時配合孔蓋下地工程。依據各縣市填報完工計畫資料統計，已達成各指標成效包括：路面改善1,451公里、孔蓋下地6,945座、電桿下地6.5公里、號誌共桿187處、行人易肇事路口改善24處、增加綠化面積3萬2,000平方公尺、每年減少二氧化碳排放243公噸、改善自行車通行空間80.2公里，成效斐然。

用路人與公路的對話

有人就有路，更好的道路，帶來更便利美好的生活。本書呼應公路生活圈概念，呈現道路需求源自於「人」，以「用路人與公路的對話」為主軸核心，將架構分為北部、中部、南部、東部及離島生活圈，從地方鄉鎮生活看見道路修繕需求。藉由「地域」為經、「特色」為緯，精選出最有代表性與故事性的23條主題路線，其中包含〈浪漫台3線〉特別企劃，透過四階段的實地採訪田調與深入淺出的筆法，闡述道路改善前後的鮮明對比、周遭居民的生活影響、實際用路人的體驗感受，從在地與用路的多方視角，展現道路修繕的特色與效益，讓讀者了解道路的形成背景、所在位置、環境特色，以及道路改善對生活的深切影響與重要性。

全書架構上，以「地域」歸納，內容則依道路修繕重點提出五大特色：

● **邁向平權**——以「均衡區域發展」為訴求，保障在地居民最基礎的道路建設。例如：桃園市復興區有多達八條山

路，天災多、損壞也多，為讓偏鄉也能擁有安全的用路權利，桃園市政府養工處配合國家前瞻計畫，投入山路養護整建，期許讓山區道路品質達到與市區道路相同水準，進一步促進地方產業發展，實踐原鄉的用路正義。

● **有感設計**——以「改善用路人體驗」為目的，透過優化道路設計，解決原本的用路困境。例如：通往中正大學的必經路線嘉106線，原本路型設計不良與路樹落果導致車禍頻仍，在改善道分隔島設計與移除浮根路樹後，還給學生與居民安全用路環境。或是宜蘭從用路人角度思考增拓鄉道路邊停車空間、整合道路設施，以淨空路肩，讓弱勢運具迴車空間不再被壓縮。

● **風景公路**——以「提升美學感受」或「滿足休閒需求」為重點，透過道路景觀美化延伸城鄉人文地景，並拓增遊憩停留空間，成為支援觀光旅遊發展或提升生活休閒品質的道路。例如：台13甲線舊路段由造橋鄉公所規劃為綠色生態廊道，設置自行車專用道、行人步道與連續性綠帶，建構人車共存的生活化道路，打造出一條有情感、有溫度的綠色景觀迷你公路。

● **永續實踐**——以「環境永續」為訴求，藉由道路設計與環境共生，尋求生態與開發平衡共存。例如：縣道140線常有石虎穿越，卻因為往來車速過快，路殺事件頻傳，苗

栗縣政府工務處除了在部分路段進行車道動線調整、道路
拓寬、增（改）設交號誌燈之外，另外設置各式路殺減緩
設施，給石虎打造一條安全回家的路。

- **繁榮創生**——為「推動在地產業發展」的最後一哩路，透
過道路建設，增加就業與投資效益，或串聯都市計畫發
展，帶動地方創生，促進人口回流。例如：鄉道中 46 線
通往盛產水果的東勢軟埤坑休閒農業區，中 99 線位於以
寬廣庭園餐廳及花海節聞名的新社，都是當地農產與觀光
運輸的交通命脈，在前瞻計畫經費的挹注下終於全面性改
善路況，讓山區道路更安全，對於促進地方產業復興大有
助益。

公路路網蜿蜒全臺數萬公里，中央與地方共同努力，攜手譜
寫出串連推動臺灣經濟、人文、產業發展進程的壯闊史詩。書
中自有黃金屋，書中更有萬里路，期盼透過本書，領略「前瞻
基礎建設—提升道路品質計畫」中，展現出不同於以往的工程
設計與人文思考，從路與人的交織中，看見臺灣公路更多美好
的可能。

路暢其通
貨暢其流

交通部部長　王國材

　　回顧人類發展的歷史軌跡，不難發現交通與經濟發展，始終密不可分的相互依從，為了運送綢緞，古人開闢了連接歐亞大陸的絲路；歐洲人為了謀求東南亞的香料，更開啟了大航海時代，交通更新人類的歷史進程，也為世人帶來更好的生活。

　　交通無疑是經濟發展的基礎，只有在「路暢其通」之下才能「貨暢其流」。因此，為了帶動地方經濟發展，政府於民國106年編列「前瞻基礎建設計畫」特別預算，並在其下規劃「提升道路品質建設計畫（公路系統）」用以建設城鄉及提升道路品質；此計畫由交通部與內政部分工合作，分別就都市計畫區外與區內作為劃分，齊心提升道路品質。在交通部所負責的都市計畫區外道路，我們以「鄉鎮」為核心單位，期待透過全方位提升地方用路環境，改善居民的生活品質，進而促進地方經濟、觀光與產業的發展。

健全路網 保障安全 促進產業發展

　　我們相信提供在地居民優質、平整、美觀，與兼顧環境的道路，不只可以保障人民生命與財產安全；道路結合地方特色景觀，也能提升居民生活品質，進而提升公路使用率，且帶動地

王國材

　方觀光與產業發展；從永續的角度來看，長期而言也可以降低國家硬體建設的成本。

　　我就任交通部長時，就提出八大重點施政目標，並且設定三個檢視指標：健全交通路網、保障行車安全、促進產業發展。為了達到這些施政的願景，交通部將「提升道路品質建設計畫（公路系統）」的計畫期程，從 110 年再延長至 114 年，經費也從 120 億元增加至 220 億元，我們期待成為各地方政府的後盾，達到均衡區域發展，同時實現偏鄉的交通正義。

　　在健全交通路網上，我們以都市計畫的格局，由大到小評估，也從居民生活的需求由小到大思考，重新檢視鄉鎮內部交通及對外銜接的需求，實現便捷且完善的交通路網。

　　在便利的交通路網之外，保障行車安全更是重中之重，可以說每一個提升道路品質的建設計畫案，都是以提升用路人安全為出發點。公路人先是仔細觀察用路人的習慣，再遵循嚴謹的公路標準，找出改善方法；例如藉由刨鋪路面、重設分隔島，以減少發生車禍，或是為了保護自行車騎士，而增加防護欄等。

　　此外，我們也藉由這項建設計畫實現「偏鄉交通正義」，

過去偏鄉的道路較不受重視，甚至因為多年未整修導致崎嶇不平，影響在地居民的行車安全。為此交通部與地方政府一起為偏鄉居民重新鋪路，保障所有國人都有安全的用路權利。

以交通帶動觀光 地方再創生

過去 4 年來，藉由「提升道路品質建設計畫（公路系統）」讓友善居民及生態的道路可以深入地方鄉鎮，讓國人更容易深度探索臺灣城鄉的自然、人文與歷史。就如在新竹，我們走上重新翻修的縣道 122 線，找到高海拔風土孕育出的甜柿、水蜜桃、高麗菜等優質農特產；到了桃園或花蓮一帶，順暢平整的公路帶領旅客一探部落不同族群的文化風華；踏上「浪漫台 3 線」，在全臺客庄密度最高的文化廊道上，透過「文化」特色將觀光經濟聚焦在每一個客庄，結合客庄產業經濟與文化地景保存，創新生活與經濟型態；深入南投，透過投 52 線修繕，重新將瑞龍瀑布打造為在地新興景點；離島的澎湖縣道 203 線，則藉由橋面透明防浪牆與夜燈設計，點亮澎湖景觀公路。

交通是帶動臺灣產業與地方觀光的基礎，引領遊客領略在地的動人故事、豐富文化、無限風景與重要的特產，無論是「增

就業」、「促投資」或「助產業」，透過前瞻建設下的公路品
質提升，我們期望在便民之際，同時振興國家經濟，促進都市
再生，活化地方產業，並增加就業機會。

整合智慧運輸 延長效益

　　在交通部公路總局與地方政府的努力下，「提升道路品質建
設計畫（公路系統）」已有顯著的成績，為了持續優化，交通
部延長計畫期程，同時也增加經費，繼續朝「民眾便利，產業
興利」的方向邁進。

　　接下來，交通部將結合智慧服務，結合國家四年智慧運輸計
畫，運用大數據與 5G 科技，聚焦發展列車監控、車聯網等介
面，以及藉由科技進行智慧巡檢邊坡、橋梁、隧道，為民眾的
交通需求注入「服務業」精神，透過科技完善道路運輸與安全
的最後一哩路。

　　展望未來，期許交通部能夠持續為臺灣這座島嶼，與居住在
這塊土地上的人們，提供更友善、更溫暖、更人性化的服務，
為充滿創意與活力的地方搭建舞台，為臺灣的交通與觀光迎來
更多機會。這是交通部的使命，我們將會繼續努力下去。

公路是縫合人們生活圈的針與線

交通部公路總局局長　許鉦漳

　　公路，是我們通往世界的道，也是我們歸鄉返家的途，在我們生活中扮演著至關重要的角色。

　　它完整了我們的日常所需，促進了一個地方的經濟發展，也連結了人與人之間的關係。有賴綿密的路網，對外，人們可以隨時前往心所向之處；向內，則可以回到心所繫之處，讓我們不再被侷限於原點。然而，若是沒有道路將點串成線、織成網，那麼每一處、每一個人便只是一座又一座的孤島。

　　因為有路，生活得以活絡起來，人與物透過道與道、路與路的串連，得以流動、流通，這就是道路在我們生活中所扮演的角色，承載著人們的生活，支撐著社會的運作，讓地方得以發展、進步，讓世界能夠持續轉動不停。

從通行到平權的精神

　　公路，是最深入臺灣的交通系統。臺灣公路自七十餘年前開始大興建設，戮力新闢、拓寬，經歷漫長歲月的努力，如今，臺灣無論落居、位處何處，政府致力讓每一個臺灣人都享有同等的權利、受到同等的照顧，希望能達到均衡區域發展、健全偏鄉照顧，實現路權即人權的基本價值，實踐「行的正義」。

　　路，是為使用者而存在的；而公路總局，也始終為著用路人而努力。直至今日，我們持續在提升偏鄉交通，完善其道路建設與公共運輸系統。道路建設猶如一場沒有終點的馬拉松，我們不能停下腳步，持續在為降低地方與地方之間的落差而努力，過去如此，今日如此，未來也將繼續如此。

　　隨著臺灣自開發中走入已開發階段，人們對於道路的期望已不僅僅是「通往」，除了縫合生活、經濟、聯繫等各種需求，安全性、美感、環保永續、綠色交通等價值亦逐漸成為道路的標準配備。在社會經濟逐步發展成長下，觀光旅遊等時代新需求亦被納進公路建設之中，諸如自行車道等設置，以滿足現代社會娛樂休憩之需。打造「人本」、「友善生態」同時兼顧各種功能的交通環境，成為公路總局存在的核心意義，與此同時，該如何提升道路品質，這些問題皆為負責「公路交通建設」與「公路監理業務」的交通部公路總局所欲思索的課題。

　　臺灣各方面的基礎建設都在持續進化，為替道路進行體質調整，以全面、整體改善用路人的用路體驗、用路安全，同時持續平衡各區域間之發展等，「提升道路品質」政策方針在民國106年於焉誕生。此計畫由內政部與交通部共同推動，內政部

負責都市計畫區內的部分，而交通部則負責都市計畫區外的公路部分，即「提升道路品質建設計畫（公路系統）」。

以生活圈思考用路需求

此計畫以「生活圈」概念展開。每個地方的地形、人口組成、主要交通形態都不同，並各自擁有截然不同的族群、文化、產業、發展與歷史，從而造就各地不同的面貌、性格與風情。儘管「道路」是因交通使命而存在，然而不同的人、不同的地方，有著不同的需求與不同的期待，因此這一次「提升道路品質建設計畫（公路系統）」以「生活」概念為導引，秉持著以「人」、以「地區」為本的精神，透過審視其需求，符應其需要，進而為生活在此地的人們，量身打造適合所需的幸福生活。

為以人為本，適地而為，公路總局在工程規劃期間，特別規劃以工作坊的形式，與在地居民互動、交流、研討，讓民眾實際參與設計，同時也注入生態守護的思維，使公路兼容人本與生態精神，在新時代下走出新路。

全面為地方道路治本

為打造舒適、友善、美麗、安全、永續之道，交通部公路總

局預計利用 8 年的時間，花費共 220 億元的補助經費，接受各地方政府提報計畫，進行道路品質改善、提升，目前已協助地方政府完成共 343 件工程案件，讓原本無足夠財源，必須分階段、逐年改善的道路問題，得以一次、整體、全面性地為道路「治本」，有效提升當地民眾的生活品質。

110 年是本次計畫半收成的時刻，為保存這一次全國性的道路整建過程，記錄臺灣公路發展史進入新的篇章，《路在前方》出版計畫就此展開。我們造訪此次獲得補助的路段，為它們留下珍貴記錄，透過採集人們與道路、道路與在地的故事，佐以影像，帶領讀者一同參與臺灣道路蛻變的過程。

「路會不斷往前，人也是。」誠摯地邀請您，翻開書頁，邁開步伐，隨我們深入臺灣各地各處，走進鄉鎮村落，看公路如何以一針一線，將人們的生活圈緊密連結，也看公路總局如何肩負使命，不斷往前，不斷超越。

有感的道路
從設計做起

奇想創造公司創辦人　謝榮雅

「道路」所承載的，是人們的連結與希望；不論是要探親訪友、出遊踏青，或是貨通物流、輸運有無，都得靠道路來幫我們實現，藉以串起彼此間的關係，並讓每個人都成為名符其實的「用路人」。

因此，隨著社會與時代的遷移變化，不只用路人的需求有所不同，還造就出各式各樣的道路風貌。直至今日，臺灣仍有許多道路是歷經數十年「演進」而來；像是過去經常可見的產業通道，原先只是因應特定用路需求而出現，後來卻在往來不斷擴大之下進行拓寬、整修，逐漸形成足以讓更多人車通行、環境設施也更完備的「道路」。

設計思維融入道路規劃

在早年創業時，我時常自己開車前往各地的工廠，接洽合作事宜，其中不乏位在田埂間、甚至聯外通道無法會車的鄉間小路上。這也讓我思考，即使道路的演變、進化，可能會受到先天條件的限制，包括環境、資源、政策等；但如果能適當加入「設計思維」（Design Thinking），是否就能讓這些道路更為優化、提升品質，並解決使用上的問題與不便？

數年之前，我曾受邀擔任日本優良設計獎（Good Design

Award）的評審，那時令我印象極為深刻的，就是當地最大設計公司 GK Design 提出的道路規劃指標系統等相關作品，不只讓我感到相當驚豔，更體認到「道路」這樣的產品，居然也能具備獨特的設計內涵。但當時同組的日本評審，竟然都認為這些作品水準只能算是 GK Design 的「正常發揮」而不予給獎，又足足給了我一大震撼。

　　經過更深入的了解，我才知道，原來日本將「設計」概念或思維融入道路規劃中早已行之有年，包括道路的路線安排與交通設施，或是要在什麼樣的位置空間劃分出綠地公園，以及哪裡要架置路燈、街道設施要如何設計等，都在規劃公共道路時就會一併考量。而像這樣的「設計思維」，也正是過去臺灣在道路闢建或施工時，較為缺乏的關鍵元素。

以多元設計克服問題

　　其實，運用「設計」來建造或優化道路，可以擁有無限的創意空間。例如山區道路必須隨地形盤旋而上，或是為了保留具有價值的樹木、建築而繞道等，都反映出設計領域所談的「形隨機能」（Form follows function）；又或者是行經蜿蜒的道路時，在彎道位置經常設有安全廣角鏡，讓駕駛能夠掌握對向

來車的狀況，可避免危險，就是利用設計思維來突破既有的道路條件，並輔助用路人、讓道路發揮更大功能。

　　尤其在科技日新月異下，如今道路的「設計」也變得更加多元。像是透過人手一支的智慧手機和物聯網的串接應用，就可以快速地告訴我們：什麼路段車況較為壅塞或出現事故，讓駕駛能夠提早因應；或是在進入難以會車的狹窄巷弄前，也可配合道路監測與即時通訊系統，適時提醒駕駛已有對向來車、應稍作停留等，克服道路無法立即改善的問題。

　　換句話說，隨著時代的發展變化，不僅使用者對道路的需求會有所改變，就連能夠應用的方法和工具，也可透過「設計」來加以結合，創造更優質的道路與用路體驗。不過很可惜的是，過去在臺灣，「設計」和負責監造管理道路的公部門之間有如相互絕緣，也許是缺乏美學認知與美感基礎，甚或以為設計就只是美工，以至於在發包道路工程時的「設計思維」愈顯不足。

用策略將價值極大化

　　事實上，「設計」的一大核心工作在於「策略」，就是要了解設計目標的問題，並找出利用設計來解決問題的方法，如此才能使設計所帶出的價值極大化。這樣的設計思維運用在道路規劃上，就是要把各種需求都納入考量，例如在地民眾的使用情況、外來用路人的想法偏好，或是從地方發展、經濟產業、觀光休閒等跨領域角度來思考，才能真正為道路的建造修繕，找到明確的目的性及有效解決方法。

　　由此看來，一條道路要能夠融合設計思維、創造設計價值，需要由更高層的立場來引領，像個「總指揮」來整合相關部門的資源與力量，藉此有效實現設計的目的。比如韓國首爾曾經

在具有工業設計背景的副市長主導下，找來國外設計團隊，將一條已廢棄的車用高架道路，搖身一變成為人行的空中步道「首爾路 7017」（Seoullo 7017），並與周邊的人行道相連，形成民眾步行活動的空間，也讓原先可能被拆除的道路賦予新的生命。

在臺灣，同樣也有新設道路在完工後，將老舊車道改為可供步行休閒的綠色廊道等案例；但這樣的設計概念或創意，並不能只靠神來一筆，而是必須從更根本的「思維」上來改變。值得高興的是，近年來在美學教育的推廣，以及對施政品質的重視下，公部門注重「設計」的氛圍已逐漸提升；就像現在要開設新餐廳時，無論在餐點設計或景觀布置，都得要考慮網紅的觀點，才能創造出能被更多人看見並認同的亮點。

創造臺灣專屬的新設計

想要為臺灣的道路打造更多亮點，公部門在採用國外考察、學習複製等方式之外，更應多加利用臺灣優秀的設計能力與人才，以突破過去框架的思維，創造屬於臺灣的創新設計。像是在道路本體的鋪設上，除了一般常見的瀝青，也還有更多材料、工法等創新應用；如因應地磚式的路面，國外就有開發像卷筒般的鋪設方法與設備，達到既省時又省力的效果。

或是目前臺灣正在積極推廣以煉鋼廠、燃煤電廠、垃圾焚化廠所產生的爐渣、底渣等廢棄物，重新製成道路相關工程使用的材料；不僅能解決廢棄物的處理問題，更可結合環保永續、循環經濟的效益，甚至可從鄉鎮道路開始做起，同時創造地方亮點、帶動產業發展。這也突顯出運用設計的思維，有機會使我們的道路展現更多元完善的功能與特色，並讓每位用路人都能享有道路帶來的美好。

讓公路的美好風景
成為一種旅行

設計師　蕭青陽

　　十年前，跟隨馬拉松運動的流行，加上朋友的鼓勵，我從「半馬」開始，再晉級到「全馬」，至今已跑了超過 100 場的馬拉松。42 公里的「全馬」，全程跑完大約 5 個小時，剛起步時腦袋還會思考，途中就把所有事情都想了一遍，接著便是不斷地踩著公路前進，深刻感受到「路的風景」就是跑者的夥伴。

透過路跑觀察道路

　　42 公里馬拉松賽事的路程，常是從 A 地到 B 地，再從 B 地折返 A 地，同一段公路你會在幾小時內跑上兩遍；而 42 公里有多長？開車時使用導航才發現，原來是臺北到新竹的距離。不過，用跑步的方式與速度、往返的視野，會讓你看到平常看不到的事物，也會去思考一些事情。除了「這個路面很容易跌倒」、「這裡的轉彎設計有問題」的觀察，去中南部的鄉村參加路跑，事前想像會跑在美麗的花果田野之間，可是時序不對，不但沒有景觀可以欣賞，反而吸了滿身的農藥。但是，美麗的經驗也很多，像是在臺東，路上有大釋迦的打卡裝飾；在澎湖，則有魷魚、花枝丸的公共藝術……。這些有別於我做唱片、室內設計，都是很有意思的體驗。

　　其實，我國中時的夢想就是成為景觀建築師，出發點是覺得

道路很醜，希望自己有能力改變它。因為當時的臺北縣，道路上永遠有砂石車行駛，引起漫天灰塵，路面經常是坑坑巴巴；而且路旁的行道樹都是榕樹，當時間一久、樹齡漸長，只見整樹長滿大把如鬍鬚般的氣根，顯得蒼老而不易親近。這些年，我感受到臺灣公路建設的功能性很強，道路平坦順暢，比較欠缺的則是「美感」和「創意」，或許會是下一階段道路升級的重點。

路樹規劃使美感升級

我認為，臺灣雖躋身已開發國家，但在某些事情上似乎還很「辛苦」，像是公路工程仍偏務實導向，需要更多細節的美感。尤其是在行道樹的種植上，總是脫離不了黑板樹、小葉欖仁等固定樹種，而電纜、電箱、路樹是城市道路的基本配備，卻沒有善加利用發揮創意。在公路修繕的規劃上，應該多加入園藝、景觀設計的專業人才，從長遠的城市美感去發想，就像日本京都的花見小路、美國西部 1 號公路，讓開車或行走的人能感受到公路上的美好風景，在公路行進就是一種旅行。

良好的路樹規劃，不僅對公路的美感升級，更能展現城市人文的進步。在路樹的種植設計上，我常看到坐輪椅行進的長

輩、推娃娃車行進的婦女，或是跑步行走的人們，被路樹擋住去路，必須多人協助搬輪椅、或是跑步時得留意「閃樹」，顯示出城市路樹的友善性有待加強。

其實，隨著臺灣南北的四季氣候，透過路樹的顏色、成長開展後的模樣，融入城鄉道路的在地人文風貌，就能彰顯城市特色與季節美感。在澎湖路跑時，從馬公通往西嶼那條公路兩旁種植的南洋杉，讓我彷彿置身於美國猶他州，十分驚喜。這就是 20 多年前種樹人的創意，讓 20 年間的用路人享受到行道樹的美好，進而記得這座城市。

以原生種創造國際亮點

臺灣擁有自己的原生種植物，不必去學日本種櫻花，如果有一條公路的植栽，能夠好好地介紹臺灣原生種或代表性植物，不是一件很酷的事嗎？想像一下，春夏之際，整條道路兩旁開滿了紫藤花，在垂掛的紫色浪漫中開車、行走，豈不是太過癮了！或者像舊金山的「九曲花街」，利用道路 S 型彎道間際規劃出一座座花園，種滿各色的鮮花植物，一年四季都能看到不同的景色，吸引人想漫步其間，好好欣賞。如果公路建設也能像是塑造品牌一般，注入精神層次的思考，讓美感不僅具有觀光價值，還可能成為國際亮點。

有時候，建設不一定要「多」、要「大」，「少」一點、

「小而美」反而更有意思。在蘭嶼跑馬拉松時，發現公路都變得好寬廣，像高速公路一樣平整，卻少有大型車行駛，我不禁心想：蘭嶼需要這樣的大路嗎？印尼峇里島的道路都小小的，只有中小型巴士行駛，很適合旅人悠閒散步；在義大利的百年小鎮、日本京都，也都不需要寬廣的公路，因為城鎮的文化氛圍就適合緩慢地感受生活，在小小的道路上，走路是最好的行進速度，在臺灣中南部的古老小鎮中，就很適合有這樣精緻細膩的城市道路規劃。

以人文美感修繕道路

最近我參與了新北市淡蘭古道與南投東埔溫泉區的改善計畫，都是地方工程，卻在人文美感上有很好的理念。前者是恢復先人的古道原貌，還原古法，利用河谷、山林的自然素材，以手工打造村民道路；後者是土石流災害地區，整合收束溫泉區的纜線、管線、招牌等，以「減法工程」創造舒適乾淨的美感。若未來能有一條路讓我去設計，我希望朝著不做過度的工程，同時納入美感思維，為整體道路和造景帶入更多的創意，透過簡單的綠化也能做出獨特的美。

透過在地人文特色的發掘，相信臺灣的公路也能像日本、歐美一樣，每到某個季節，路旁的植栽顏色就變成道路的風景，讓公路本身就是旅行，成為召喚旅人永遠留戀的美。

生態友善公路
讓人和原生動物美好共生

觀察家生態顧問有限公司總經理　黃于玻

　　我曾經在國立科學博物館從事田野調查工作，當時經常開車深入臺灣各處山林，可以說是路開到哪裡，調查就做到哪裡；即使是下車輔以步行前進，但總會意識到某處是不可隨意靠近的禁地——就是野生動物的棲息地，也是人類理當不該冒犯的所在。

兼顧軟硬體的修繕

　　人類開通公路，最大的目的就是為了讓「人」和「物」能快速到達目的地，產生經濟活動，然無意間，卻也可能成為生態環境的殺手。時至今日，究責開設道路的對錯，難以將議題往更友善的方向推進，人類也無法廢棄道路。但是，當我們在辦理「道路修繕」之際，除了硬體的整修，也應當把軟體納入「修繕」的範疇，即修補過去疏忽的生態環境考量，找回失落的價值；同時投入積極作為，讓對原生活在此的生物能更為友善。

　　以近年「路殺石虎」的新聞為例，某些公路經過野生動物的活動範圍，造成石虎亡命輪下，同時也造成駕駛為閃避動物產生之風險，在道路維護與修繕時，即可將動物通道納入考量，降低動物與車輛相遇的機會，兼收生態保育與用路安全之效。

　　隨時代進步，公路的定位，也從過去以經濟運輸為重，逐漸

黃于玻

增加樂活、觀光等功能，強調旅人行經期間的安全美好，崇尚行路的過程。因此，修繕公路時，也能融入地景、文化等多元價值，藉由生態、景觀、文史專業之參與，賦予道路豐富的生命力。

實行生態檢核機制

過去，臺灣在公路開設的評估，經常做出「有系統卻無意間」對生態不友善的選擇；舉例來說，若開闢一條路，要選擇經過森林還是農地？工程單位大多選擇前者，因為森林地廣人稀、土地取得及與民眾溝通較為容易，在成本估算上較為划算，然經過森林，自然對環境衝擊較大。雖然道路闢建在一定規模下須辦理環境影響評估，然而這些評估僅是在路線決定後，提供環保機關判斷這樣的衝擊影響是否嚴重。因此，若無友善環境之概念融入在道路規劃中，無論「准」與「駁」都會激起極大的反應。

讓公路工程的方式有更多的選擇，納入精準的生態考量，突顯環境成本的議題，體現生態、景觀、人文的多元價值，以利工程師、住民、環境關懷團體、文史工作者等各方做好充分溝通，是近十多年推行「生態檢核機制」的效益。民國 93 年，

參與當時國道新建工程局的道路評估，齊柏林先生以空拍俯瞰的角度，提供完整精細的地景影像，做為生態界與工程界整合溝通的工具，促成道路生態友善之操作先例，奠定臺灣「生態檢核機制」發展基礎。經過多年努力，期許讓生態環保和經濟發展不再對立，而能相輔相成。

復育原生種動植物

現在，臺灣的公路修繕已逐漸納入生態友善的規劃。在高速公路的修繕方面，嘉義民雄路段設有地下通道，讓白鼻心安全過馬路；苗栗通霄路段也設有給石虎等動物專用的跨越橋。同時，生態監測也發現公路儼然成為許多野生動物的新棲息地；像是嘉義、雲林、苗栗地區的排水箱涵，或是高架橋下的陰暗空間，常有蝙蝠出沒；通霄的綠帶則出現臺灣原生種植物白芨蘭的身影。除了保護生態，公路修繕還能透過綠帶、通道規劃等方式來積極復育生態，讓原生種的動植物成為另一種人文景觀。

至於近年社會開始關注的議題「生態公路」，我認為這個名詞其實是陷阱題。對自然環境而言，沒有人工道路通過，才是對生態最好的狀態；因此，沒有一條人工道路能被稱為「生態

公路」。那麼，在不得不開通道路的情況下，如何充分融入環境、生態、地貌，讓道路對自然土地的影響降到最小，則可以稱得上是「生態友善公路」。所以，新建每一條路，都必須當成是「非常必要之惡」，應當謹慎評估。

專業交通管理更重要

觀光休閒旅遊興盛，當交通要道頻頻塞車，「新建或拓寬公路」就成為常被提及的萬靈丹；然而，新建一條路，真的能改善塞車問題嗎？雪隧經常性的塞車就是一個鐵證。改善交通，除了規劃硬體建設，軟體的管理配套更為重要。

事實上，當政府開闢更多的路，民眾就更想開車，不僅不能解決塞車問題，也增加油耗、碳排放的環境衝擊。歐美政府的處理方式，則是加強大眾運輸系統的建置，搭配交通運輸的專業管理，市區與觀光區限制小型車進入，甚至減少停車位，促使民眾搭乘大眾運輸、捨棄開車；當越多人習慣搭乘搭乘大眾運輸工具，班次與服務也會越來越好。因此，發揮交通管理的專業，方能為臺灣的未來帶來具前瞻性的改變，更是一種保護臺灣生態的方式。

Chapter 1

北區生活圈

新北 · 桃園 · 新竹 · 苗栗

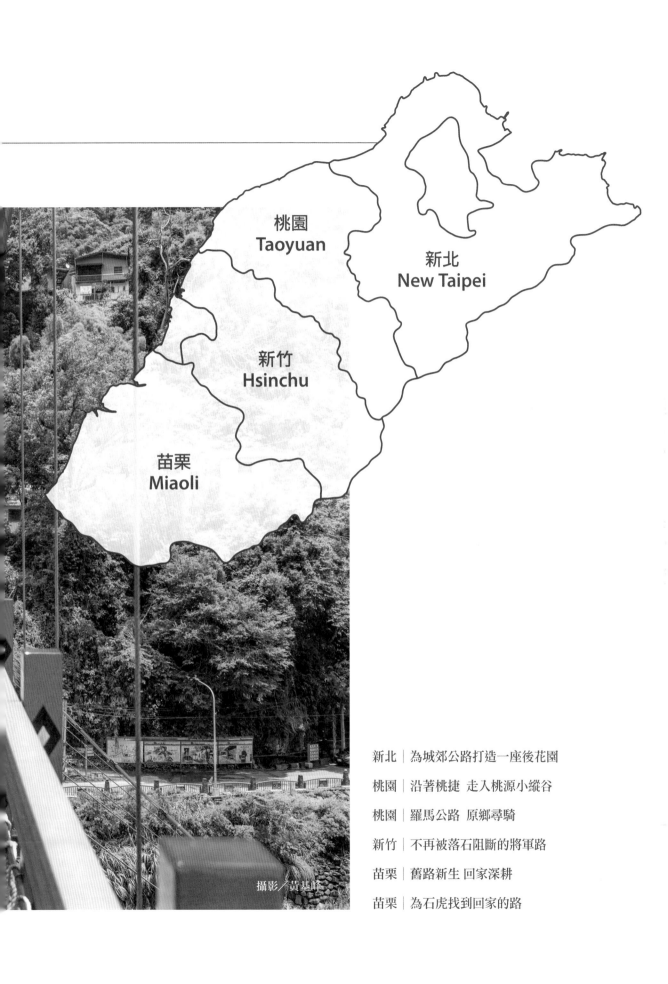

桃園
Taoyuan

新北
New Taipei

新竹
Hsinchu

苗栗
Miaoli

攝影／黃基峰

風景公路　# 繁榮創生

新北汐萬公路遊賞山林

為城郊公路
打造一座後花園

汐萬公路是汐止通往萬里的鄉道，全長約 15 公里，穿梭在青山之間，串連
拱北殿、新山夢湖、柯子林、五指山風景區，以及風櫃嘴登山口，隨著高度
緩升、風景遼闊，或慢巡古道，或乘風馳騁，皆能自得。

文字／葉亞薇　攝影／賴永祥

風櫃嘴觀景臺

五指山

新山夢湖

柯子林山

拱北殿

汐止

　　沿著汐止的台5甲線往北行，在大同路二段轉入北29區道的汐萬路，車窗外的風景便從繁華市區逐漸轉入寧靜城鎮日常，圖書館、電力公司服務所、派出所、抽水站，在暖陽下聊天的老人家。進入汐萬路三段，地勢坡度逐漸升起，偶遇理著平頭、皮膚黝黑的五、六個孩子，穿著像是棒球隊員，快步前進途中和我們揮手，「可能是北港國小或是金龍國小的少棒隊喔！」在五指山頂的咖啡館老闆這樣猜測。徒步健行成了汐止小學生因地制宜的最佳鍛鍊方式。

古剎‧湖泊‧郊山

　　從汐萬路三段開始，像是自人間躍入山林，路面寬敞、地勢蜿蜒，直至五指山頂，天地風景豁然開朗，道路平坦、任憑長驅，成為重機車友和單車族喜愛的追風之境。沿途經過不少景點，樂山親水都可滿足。

像是位於汐止三秀山上、汐萬路三段入口約 400 公尺處的拱北殿，是 1901 年奠基的百年廟宇，主祀孚佑帝君，屋殿依山而築，簷廊隱身在綠蔭疊翠間，每年 12 月寒流過境，楓紅點點染紅整片山林，成了臺灣北部的人氣賞楓景點。順著周邊步道登高遠眺，三秀山的美景盡收眼底；佇立楓林之間的雙拱橋則古樸典雅，恍若走入古代林園。

鄰近的新山夢湖，其實是新山、夢湖兩個景點的組合。夢湖是隱匿山丘的美麗生態湖，冬季午後起霧，使得湖畔周圍宛如夢境，因而得名。

至於柯子林、如意湖及金明山，則是另一段汐止山上的尋幽祕境。柯子林山登山步道口位於汐萬路三段約 8.9 公里處，入口處設有路線導覽圖，如意湖 340 公尺、柯子林山 820 公尺，距離看起來似乎很輕鬆，但別忘了海拔上升近 400 公尺，行腳仍要花些氣力。尤其是前段路的坡度，一旁的鋼質繩索作為登山客的輔助，顯示上山的路不如想像中容易，但只要花費 2 小時，沿著環狀的步道起伏前行，上山的路程有鬱蔥山林、巨石稜線景觀相伴，如意湖畔席地而坐，水草迎風搖曳，坐看雲起。

很難想像，從拱北殿到柯子林，就位於汐萬路三段附近，可說是都會人近在咫尺的離塵郊區，竟擁有如此豐富的山林景致。許多經常奔馳汐萬路的重機車友與單車族，正是中意沿途山林綠意的四季更迭，還有在風櫃嘴景觀台登高遠眺臺北市景的遼闊快意。而這條對於新北人不可或缺的後花園之路，如何在享受追風速度之餘提升行車安全，便成為新北市政府改善道路的重點。

現代風格造橋 再生工法鋪路

為了改善路面老舊、附屬設施破損、安全設施不足及缺乏休憩空間等缺點，新北市政府養工處提出道路改善計畫，讓這條銜接陽明山國家公園的北 29 區道能符合公路美學，給用路人不同的人文體驗與安全升級。

最讓人眼睛為之一亮的，莫過於在特定里程營造各具特色的休憩空間，兼具形塑地方人文地景，以及綠色生態環境之美。

像是 9K 里程路段便有兩項修繕重點：彩虹橋的重新設計及 9K 休憩隙地的風格造景。遺留明顯歲月痕跡的彩虹橋，原以紅藍黃綠色塊為彩虹意象設計，漆面老舊斑駁、鋼筋鏽蝕裸露，加上護欄線型不佳，故整體重新施作改善。橋墩兩旁茂盛的黃花相思樹與當地的白砂岩，成為橋面設計的靈感，彩虹的光環轉化為圖騰，運用融入當地地景的黃白色調，簡潔又現代，橋面材料也改用抿石材質取代水泥更易維護。整體施工從護欄設計打樣、圖騰試作、鋼筋外露修補、護欄抿石施作，加上路面初步的瀝青施工保護，僅花費不到一個月的時間。

夢湖宛如夢境,也是生意盎然的
生態湖。(攝影/莊信賢)

9K里程的彩虹橋,以彩虹光環、黃白色調
重新設計,簡約現代。

百年古廟拱北殿前的雙拱橋,古樸典雅。(攝影/吳志學)

新北市政府養護工程處副總工程司廖學志表示，此段路面瀝青鋪築之後，與護欄底部有高低差，加上原有路面的破損處，必須全面徹底修補，才能合乎公路平整的標準。而隨著近年道路修築的環保趨勢，本次道路修補採用「瀝青混凝土路面再生技術」，將需要翻修或廢棄的舊瀝青混凝土路面，經過翻挖、回收、破碎、篩分，再添加適量的新骨料、新瀝青，重新拌合成具有良好路用性能的再生瀝青混合料，鋪築在路面面層或基層。這套技術如今已相當普遍，不僅能節約瀝青和砂石材料，節省工程投資，也能妥善處理廢料，一舉兩得。

用砂頁岩質感打造的 9K 與 11K 立體地標。

汐萬路三段約 9 公里，身在都會卻離塵郊區，擁有豐富的山林景致。

隙地變身雨花園 成環境過濾器

汐萬路作為新北近郊風景公路，如何運用道路沿線「隙地」作景觀設計是另一大重點。

就如路面使用再生面料，為了兼顧景觀與永續理念，這次在汐萬路北 29 線隙地景觀改造上，更深入思考如何結合在地生態與氣候特色打造永續性的公路風景。這次重點改善的 9K 處隙地在施工前雜草叢生，道路鋪面以水泥混凝土構成，透、保水效果不佳，一旦降雨就容易溢流到路面，積水如湍流，造成用路危險。因此，改用透水鋪面涵養土地，並讓隙地與道路鋪面維持統一高度，降低地表逕流，讓雨水順勢由地表吸附，往下坡處流洩，也落實無障礙空間的需求。

此外，11K 隙地更設置了新北市道路的首座「雨花園」。概念上融合了三個元素：生態保育、在地藝術、文化意象，成為這次道路工程創新的亮點。

原本 11K 隙地地基低凹，降雨容易積水泥濘，樹種也缺乏養護。現在的雨花園以柯子林溪流域的在地元素發想，提出因應極端氣候的低衝擊性開發方式。

仔細觀看汐萬路北 29 線道路兩旁，不時可見白砂岩與砂頁岩交互層疊的小丘，是當地的特殊地質。因此在 9K 與 11K 地標設計上，特別將岩層元素轉化為里程碑質感，以紅色鋼筋綁紮出里程數字 9、11，內部空

走在舒爽的木棧道、石板路，11K 隙地雨花園的豐富植栽，形成生態解說廊道。

雨花園

雨花園（rain garden）是節水省能的綠建築概念，適用於收集處理道路、停車場等不透水區域的雨水逕流。作法是將雨水集中，藉由植栽的根系過濾、沉降逕流中的懸浮固體與沉澱物，再入滲土壤的設施。花園設計應考量生物多樣性、密度與植栽分布，並選用當地物種以模擬自然生態系，使系統增強抵抗病蟲、細菌、污染的能力，以進行必要的氣候調適。

汐萬路北 29 線 11K 的雨花園，其貯水層深度不超過 15 公分，土壤深度至少 45 公分，土壤 PH 值介於 5.5 ～ 6.6。

隙再以白砂岩、砂頁岩意象的石塊填滿。地層的部分，透過雨花園具有高度滲透率的土壤地質，利用低深的滲透過濾來緩衝豪雨時的洩洪，並搭配豐富的原生植栽提升保土蓄水能力，甚至能攔截與弱化 85％以上的道路逕流水污染物質。這些污染物，主要是車輛行駛過後留下的廢氣懸浮固體、有機物質、重金屬、營養鹽及汽油油脂等有害物質，會隨著雨水逕流於山區土壤。在美觀的花園造景背後，其實是兼具綠化與微氣候調節的環境過濾器。

藝術家楊敏郎的鑄鐵創作，以拱北殿著名的楓樹為本，將汐萬路的滿山楓紅帶入 11K 擋土牆。

林家石板鋪古意
鐵鑄藝術展楓紅

「往風櫃嘴的路上，又多了一個可以停留休息的地方！」住在新店的陳大哥，經常假日就帶家人往北 29 線山上開車兜風，享受「就像自家後花園」的親近悠然。

在改善後的 11K 隙地雨花園稍作停留，走在舒爽的木棧道、石板路，花園中的杜虹花、紫蘭、山黃梔等植物多彩爭妍，長輩和孩子都喜歡此刻的新風貌。耐濕冷的植栽，如臺灣野牡丹、美人蕉、文珠蘭、花葉冷水花等，形成生態解說廊道，停留片刻，也能有知性收穫。

腳下看似平凡的石板踏徑，其實來自板橋林家花園，園內原本數千塊別具古意的石板磚，因道路改善被拆除後，新北市養工處將其移至汐止區汐萬路等地，作為人行道、公園等周邊相關工程使用。如此尋幽訪古的傳承意義，成了 11K 雨花園別出心裁的文化意象。

延續自然之美，11K 擋土牆突破單調的原石堆疊，藉由新北藝術家楊敏郎的鑄鐵創作，在路旁長出一片藝術楓紅，饒富詩意趣味。鐵鑄作品以拱北殿著名的楓樹為主軸，將汐萬路的滿山楓紅帶入 11K，映襯雨花園的綠意，視覺效果引人注目。作品詩詞銅板上，栩栩如生地輕踏著臺灣藍鵲展翅，呼應此地是臺灣藍鵲常出現的路段，可見汐萬路蘊藏的豐富生態。另外，12.8K 的休憩空間，則將五指山古道幽靜的林間氛圍導入，結合既有休憩坐區和新設停車空間，提升使用機能。

修繕山頂涼亭　增設休憩解說

汐萬路三段的制高點是 14K 的五

把來自板橋林家花園的古樸石板，鋪成腳下尋幽踏徑。

11K 處結合既有休憩座位區和新設停車空間,提升使用的機能性。

指山頂休憩空間,原本有一個小涼亭,惟年久失修,與周邊地坪銜接有高度落差,加上植生綠化不足、塵土飛揚,土壤流失嚴重,也造成地坪崎嶇,且位於五指山頂,卻缺乏解說指引,是長久以來的問題。

新北市養工處為形塑休憩感,施工重點除了既有的涼亭踏階修繕、弭平地面高低差、增加涼亭舒適度之外,增添層疊的山巒和雲海美景裝置藝

14K 的五指山頂涼亭是絕佳觀景制高點。

術，以及休憩座位區及停車空間等，讓途經此處的旅客可駐足欣賞群山環繞、雲海飄飄，眺望遼闊的市區景觀，心曠神怡。

「12K 的彎道很好跑，但有向內傾斜的問題，容易發生事故，向政府反應要求施工重鋪的聲音真的有被聽見。」位於五指山頂的「拉瓦那咖啡」，一直是車友聚會、遊客休憩的熱門店家，老闆李永彬本身就是重機車友，說出了用路人兼居民的觀察和心聲。「很多阿公、阿嬤一早就走到山上運動，這些美化的空間剛好讓他們有安全歇息的好所在。」李永彬開心地說。

五指山頂的「拉瓦那咖啡」是車友聚會、旅人休憩的熱門地點。老闆李永彬本身就是重機車友。

解決用路問題　提升行車安全

這次汐萬路北 29 線的整體修繕計畫，以保障用路安全為前提，希望讓用路人安心欣賞山林之美。

因此，特別針對四大用路問題提出解決對策。一來，年代久遠的局部路面龜裂、破損，以路基改善、柏油路面重新舖設為解方，使用水泥拌和及冷拌再生瀝青混凝土來提升路基強度，增加路面耐久性與完整性。

再者，護欄設備毀損、高度不足的部分，以新設鋼板護欄改善近 4.8 公里。有別於傳統水泥混凝土的材質，鋼板護欄兼具流線美觀、耐衝撞強度，也可減少危及生命的重大事故損失。此外，補強了反光設施毀損，護欄每兩公尺就設置一個反光導標，共設置 2,300 多個，讓夜間行車更安

14K 隙地，以層疊的山巒和雲海美景作為設計搭配植栽，形成觀景停駐點。

全。而原來傳統置於地表的貓眼反光設施，在道路刨鋪後不再設置，避免車輪壓到出現打滑。

最重要的是，行駛車輛車速過快，一直是汐萬路的美麗與哀愁。由於路幅寬敞，又是通往多處景點的必經之路，成為車友最愛，卻也引來飆車、試車的競速活動，造成用路高風險。因此，新設四處區間測速攝影機、劃設減速標線，致力改善行駛車速過快的問題，並在轉彎處施作鋼板護欄、水溝加蓋、增設路燈，都是提升用路安全的解方。

「新北市養工處的工程態度，可說是全臺數一數二的嚴謹。像是汐萬路彩虹橋段的公路平整度為 1.99m/km，2.0 以下就已達到高速公路等級，整個團隊的自我要求都非常高。」新北市養工處總工程司黃春田表示，為了給民眾安全的用路環境，每一個道路項目的送審、抽樣、檢核、測試、施工前後測量，都需要精準確認、控管品質，甚至要能超前進度完工。辛苦的過程，讓這次道路改善計畫榮獲 109 年新北市政府公共工程優質獎，團隊的辛苦有了見證，而美好的路上風光也能與市民與旅客共享，就是最大的滿足。

桃園

風景公路

桃園蘆竹感受田園之樂
沿著桃捷 走入桃源小縱谷

民國 106 年桃園機場捷運正式營運,沿線設置 21 個車站,路線橫跨臺北市、新北市、桃園市,串起北北桃共同生活圈。而機場捷運在桃園市穿越龜山、蘆竹、大園、中壢四個區,在都會與田園景觀交錯的節奏中,通往城市發展的新里程。

文字／葉亞薇　攝影／賴永祥　部分照片提供／桃園市政府工務局、體育局、新聞處

A11 坑口站

蘆竹機廠

A10 山鼻站

陳家德馨堂

A9a 緊急停靠站

乘坐桃園捷運通勤，車廂內的人物樣態也成為日常風景。

還沒睡醒的上班族、大學生趕往 A1 臺北車站，定期回診的長者獨自前往 A8 長庚醫院，年輕的媽媽帶著小小孩打算要去 A19 桃園體育園區站的購物中心或 A9 林口站三井 Outlet 放風，還有直達車上多是出遊的旅人與滿載的行李箱，說明往桃園機場或高鐵桃園站的桃捷列車早已融入民眾生活。

捷運橋下管制路 變身小花東縱谷

南來北往，桃園捷運已成為臺灣重要的聯外運輸系統，不只串接北部地區，更是全臺通往境外的樞紐。

為維護桃捷運輸的穩定與安全，因應捷運橋梁等設施維護管理檢測，以及作為地震、災害事故發生時的緊急救護、救災所需，於 A9a（緊急停靠站）至 A11（坑口站）局部捷運高架橋下方空間建置維修道路。原本路段不開放一般車輛通行，所以最初路面僅填築碎石級配道路材質，沒有鋪瀝青混凝土，僅供桃捷維護檢修人員與機具通行。

但當桃園捷運行駛過 A9a 至 A11 站這段旅途，兩側山景夾道，北有大古山，南為五酒桶山，列車彷彿穿越山間縱谷，從車窗景觀望出去，若是臨近年底稻米收割時節，一望無際的綠色稻田低垂著金黃稻穗，可說美不勝收。

正因為這樣適合休閒遊憩的地景，讓桃園市政府決定活化橋下道路使用，整合救災、交通及景觀三大需求，以綠色廊道設計思考，打造桃園版「小花東縱谷」。全長 5.3 公里的管制道路，重新規劃道路斷面配置，將橋下雜草去除，一側設置車道，

另一側設置人行道，提供不同速度但舒適的通行空間，順勢為蘆竹區打開綠色樂活網絡。

坑子多古厝 烏龍茶、斗笠出名

A9a站至A11站的橋下道路雖短，但所處的坑子地區觀光資源卻相當豐富。以人文歷史現況來說，坑子地區多閩南傳統建築古厝，代表性古厝有頂社藍厝、夏厝，市定古蹟及廟宇則包括山鼻里德馨堂、坑口里誠聖宮、坑子里觀音寺等。尤其鄰近A10山鼻站、擁有百年歷史的陳家德馨堂，是蘆竹區少數保存良好的閩南式傳統民居，紅磚瓦的端莊格局，可見北臺灣少有的燕尾形屋脊，工藝精緻細膩，不僅是陳氏紀念來臺先人的祭祀中心，也是桃園市定三級古蹟。而古厝入口處有座3.1公尺高的巨型貓頭鷹公仔，是當地推動復育五酒桶山領角鴞、大冠鷲生態的象徵。

當地特色產業有蘆峰茶、木炭窯、編製斗笠等。因位於氣候溫和有霧的林口台地，紅土層排水性良好，是蘆

竹區唯一產茶之所。坑子地區茶園處處可見、茶品多元，尤以烏龍茶最為有名，茶香清新脫俗，甘醇生津，近十年來經常舉辦蘆峰烏龍茶園之旅，推廣茶園及茶知識。

木炭窯則是日治時期留傳下來的技術產業，現已成為在地鄉土教育的一環；而編製斗笠也有百年歷史，不但納入鄉土教學，更延伸出編織檯燈、吊燈、風鈴、吊飾、置物籃及蠶絲藝術斗笠等新產品，傳承技藝。

兩山夾道 穿山甲與 300 年老茄苳

位於大古山、五酒桶山的縱谷之間，A11 坑口站附近的坑子地區有許多郊山步道及古道，又有坑子溪流經，不用遠行就能親近山林，探訪生態之美。像是臺灣麝香鳳蝶、臺灣藍鵲，以及高生態標準的擬紋螢、保育類動物臺灣鯪鯉（穿山甲）等珍貴物種，都棲息在這片山林裡。而住宅區附近多種植苦茶樹、桃金孃、柚子等經濟作物，低海拔成熟林則以樟、楠、九芎為主，基地周邊溪流沿線常見苦楝、流蘇等樹種，坑子社區裡還有一棵 300 年歷史的茄苳老樹。

介於城市與鄉村之間的緩衝帶，讓這個區域格外與眾不同，可說是典型的「都市農業」地區，相當具有觀光

擁有百年歷史的陳家德馨堂，是桃園市定三級古蹟。（提供／桃園市伯達宗族會）

休憩價值。想要在都市叢林中偷閒，只要尋訪連接坑子社區的坑子溪、大古山休閒農業區，就能立刻體驗一日農夫的田園遊程。南崁溪、大古山、坑子溪等多條自行車道，迎風輕騎也很好。未來，透過 A9a 至 A11 站這段田園景觀道路，就能輕鬆走訪坑口彩繪村、外社里輕便車車站等景點打卡拍照，賞遊每年 4 月蘆竹創藝文化祭、11 月桃園花彩節等特色節慶，串聯蘆竹在地的觀光網絡。

「A9a 至 A11 站的橋下道路，不僅是地區的聯絡道路，將創造區域的休閒景觀，更扮演桃園產業串連的角色。」桃園市政府工務局副局長陳聖義表示，短短 5.3 公里的道路改善，工程卻有相當難度，主要原因有三：

緊靠桃園捷運施工風險高、須避免施工廢水污染道路兩側農地及埤塘，以及如何與南北向道路銜接。

在桃園捷運下方施工，墩柱多、工程危險性相對高，道路寬度也有限制，必須優先考量捷運行車的安全與穩定，工務局和捷運公司得密切協商施工進度與管理規範。此外，道路兩側都是稻田、埤塘，農民對於施工的污染廢水有疑慮，在進行地方溝通後，如何設計避免污染農田的排水工程是重點。以及這條東西向的橋下道路，該如何與原本南北向道路順利銜接，也有不少施工關卡需要一一排除。

與居民密切溝通 回應農漁需求

「施工期間，為了確保捷運硬體的

特色彩繪的農家屋宅展現桃園捷運蘆竹路段的純樸風景。

工程團隊將原本往道路兩側的逕流水，改為導入道路中央的綠化區域，並透過入滲方式讓污水淨化。

道路兩邊設置下田坡道方便在地居民保持務農、信仰日常。

安全穩定，進場前、施工中都必須提供監測報告，讓工務局和捷運公司雙方持續確認。」負責桃捷橋下路段改善的中梾工程顧問組長鍾玉鉉解釋，除了依循捷運兩側的禁限建範圍，在施工進場前，必須提報「安全影響評估報告」數據，並提出定期監測資料，檢測是否影響捷運的硬體品質。

例如，原本捷運橋墩已有裂縫，就必須先提列在施工前的報告中，讓施工單位作為「維護安全品質原貌」的依歸；而進場使用機具之後，需定期監測地表層高程的座標變化，來確認是否有地基下陷的問題，讓工程進展的每一步，都是在桃園捷運安全無虞的情況下進行。

以 A10 山鼻站為界劃分，東工區鄰近農地，沿線經過許多稻田和菜園，在設計上必須考量農作灌溉及農民進出的需求，因此在道路縱坡順應地勢，與沿線所經灌溉和排水溝進行改接或銜接。也就是說，無論道路改善後的高低，或是透過草溝來基本過濾泥沙，務必使農民灌溉與排水管線的功能順暢。此外，當道路施工後高度提升，造成與原本的農地有高低差，農作機具無法順利上下通過，工務局必須協助出入的通道進行復舊，並設置下田坡道讓大型農具能順利在新的道路上往來或入田工作。

有趣的是，包括位於田中央的小小土地公廟，工務局也設置了下坡道，

連結蜿蜒的田埂小路，方便居民回歸日常信仰。

在西工區埤塘路段，回應當地農民希望道路路面的水不要排入埤塘，影響生態，工程團隊以道路側邊超高變化的方式，將原本往道路兩側的逕流水，改為導入道路中央的綠化區域，並透過入滲方式讓污水淨化。如此，既可免除農民的擔心，又能澆灌植栽美化道路景觀，達到雙贏。

修路造雙橋 預留未來轉運需求

這段道路工程，除了要注意捷運安全，周邊地理環境還遇上蜿蜒的坑子溪，還有高聳的山外路，如何銜接、串連，又是一波波的工程考驗。在東工區、與桃捷道路平行順向的山外路路段，因為現有道路受到彎曲的坑子溪所阻隔，所以新建兩座橋梁跨越坑子溪，讓橋成為道路的一小段，順利通過溪流延伸。

這個橋梁工程難處在於，必須考慮橋梁下方河川洪水位的高度，又要考量橋上與機場捷運高架橋交會路口的車輛通行淨高需求。如何在上下高程都限制的情況下取得最佳的配置，亦須同步考量受限的施工空間，連工程機具都必須是特殊規格，才能在低淨空的高度下完成任務，就須倚賴縝密的事前評估。

正在積極道路建設的桃園市，路段之間的施工如何銜接配合，也是課題。桃捷道路工程與桃園市政府養護工程處的「綠驛草妍道─蘆洲區山外

為保障民眾與行車安全，工程也重新設計 Y 字結構的桃捷逃生梯，將落地處集中在中島以避開車道。

新建橋梁以銜接坑子溪的彎曲路段。

透過「隔離套筒」強化桃捷橋墩耐震力，避免因道路墊高、墩柱縮短而導致「短柱效應」發生。

路休憩環境營造計畫工程」，以及桃園市政府新建工程處「桃園機場捷運 A10 站地區區段徵收開發」等案相鄰，為了讓各工程順利進行，在設計與施工階段就已召開過多次協調會議。像是 A10 山鼻站旁的道路，恰與外社輕便車車站的舊鐵路改造相鄰，交會路口便先預留空地，同時設計了簡易地圖看板、自行車停靠站，以及休憩長凳。未來兩條道路完工後，無論旅客從何處而來，都能在此停留暫歇，也方便交通轉運。

首重桃捷安全 強化橋墩耐震

這條機捷田園景觀大道的改善計畫，為符合交通、景觀及救災等用路需求，交通面著重在道路構面修整銜接，景觀面闢設人行道與自行車道空間，救災面則重點在捷運安全的強化。

作為桃捷橋下道路，這次的工程改善也包括強化橋墩與橋墩下空間的安全與防震。尤其當道路順應地勢必須填高，而使得捷運高架橋的墩柱縮短，為避免發生地震時地震力集中於低矮橋墩，讓短柱吸收了過多的地震力而容易斷裂（短柱效應），工務局以「隔離套筒」包裹部分橋墩，並回填土石予以隔離，分散地震力作用，讓捷運高架橋維持完整耐震力。

另外，原本桃捷於上下行線各設置一座緊急逃生梯，但與橋下路段闢設的車道及人行道位置衝突，逃生梯落地的位置恰好是車道，不利於逃生

桃捷橋下道路除了增加休閒功能，安全與防震更是工程的一大重點。

需求。因此，桃園市政府工務局重新設計一座「Y」字型結構逃生梯，讓上下行線的逃生梯落地點都集中在中島，維持原有逃生需求，也不會影響行車動線。

除了逃生梯，為配合桃捷設置在橋下的變電站，桃園市政府工務局也必須因地制宜調整道路規劃。由於變電站路段條件無法設置雙車道，市府團隊採用標誌與標線引導的方式，將車輛動線調整在高架橋兩側各設置單一車道，導引原本的人行道及自行車道繞行至山外路的外社橋。如此一來，車輛動線可延伸，也無須額外徵收用地，而且市民騎著單車行至外社橋時，還能駐足欣賞坑子溪的悠閒景

致，增添賞遊節點。

串聯北北桃生活圈
兼具城市與鄉村之利

A9a 站至 A11 站橋下道路的機捷田園景觀大道完工後，這條桃園小縱谷自行車道，沿途風光明媚、生態豐富，透過工程美化再造 5 公頃綠廊空間，提升在地生活機能。

民國 109 年「桃園市綠色生活悠遊節路跑活動」便搶先體驗全新休閒道路的美好，特別選在蘆竹區秋收後舉行，從 A11 坑口站出發，沿途有誠聖宮、坑口彩繪村等特色景觀，民眾跑出健康，也能盡情飽覽城郊田野風光。配合桃園花彩節、百合花季等

> A9a 至 A11 站的橋下道路改善創造區域休閒景觀，更扮演桃園產業串連角色。

焚化再生細粒料

為實踐循環經濟，桃園市政府積極推動焚化再生細粒料運用於公共工程，在桃捷橋下道路的人行高壓磚，就是採用由環保局提供的焚化細料混合所製成的環保磚。垃圾焚化產出的焚化底渣，運送到觀音灰渣處理場進行再利用，依再生材料的特性運用於道路鋪面，特別是使用在低強度回填材料（CLSM），膠結性佳，不易剝落。

109 年「桃園市綠色生活悠遊節路跑活動」率先在機捷田園景觀大道舉行，讓市民體驗新闢休憩空間。

桃捷橋下空間的改造，形塑了蘆竹區綠色低碳休閒特色，提升觀光吸引力與旅遊效益。

活動，成就一日輕旅行路線，活化翻轉當地觀光，帶動周邊社區的發展。坑口里居民徐先生表示，許多社區長輩喜歡在休閒道路散步，也有年輕旅客發現道路兩旁的景觀來打卡拍照，期待對社區發展帶來不一樣的氣象。

　　一段道路的改善工程，將橋下空間串聯橋上桃捷，橋上桃捷串連北北桃生活圈，形塑蘆竹區搭機捷、騎單車、遊田野的綠色低碳休閒特色，把地方樂活地圖納入大桃園遊憩網中，提升觀光吸引力與旅遊效益。

　　生活累了嗎？不妨搭上快速行駛的機捷列車，追尋這片綠野的遼闊，下一刻漫步在有牛隻放養的坑子溪畔，你會感受置身城市，卻保有鄉村獨特慢活步調的奇幻時刻。

#邁向平權 #風景公路

桃園復興具部落特色的安全道路
羅馬公路 原鄉尋騎

從桃園復興區的羅浮，到新竹縣關西鎮的馬武督，屬於市道 118 線的一部分，
距離將近 36 公里，成就了路名氣勢非凡的「羅馬公路」；而位於大漢溪以北
的鄉道桃 119 線，則通往霞雲部落、志繼部落。兩條道路地勢相似，都是饒
富自然原始景觀的美麗山路。

文字／葉亞薇　攝影／賴永祥　部分圖片提供／天下雜誌、桃園市政府養護工程處

馬武督

東眼山

桃 119 線

東眼山國家
森林遊樂區

復興

綠光森林

市道 118 線

奎輝部落

羅浮

　　從三峽沿著台 3 線前行，過了慈康陸橋接上台 7 線，一路充滿綠意，穿插不少引人入勝的風景。往左是大溪橋，遠遠望去，復古拱門、氣派雕花，巴洛克風格與大溪老街建築相仿，是連接大漢溪的重要通道，也是欣賞崁津美景的絕佳據點。往右則是大溪花市、花園農場，旋即經過兩蔣文化園區與前慈湖；其中前慈湖開放民眾自由參觀，後慈湖則是祕境步道，需要預約登記，並有專業導覽，在青山環繞的步道健行，四季來訪都能感受不一樣的美景。

溪口台地　饒富人文況味

　　與石門水庫反向遙望，往新溪口吊橋前進，便進入桃園市復興區。新溪口吊橋是全臺最長懸索橋，在大漢溪河谷呈現一道微笑曲線，民國 109 年 8 月整修完成重新開放，與羅浮泰雅溫泉公園連結，成了熱門景點。中間行經角板山公園，不僅風景優美，更具歷史況味。

　　角板山相傳是清光緒 12 年（1886 年）臺灣巡撫劉銘傳開山撫番至此，見山峰突起如角，河階面平坦如板，所以命名為「角板山」。角板山位於大漢溪上游，是河流彎曲處所形成的河階台地；台地層層，被山巒包圍，層巒疊嶂，景色秀麗。先總統蔣介石以其地似故鄉而命名「溪口台地」，並在角板山建立行館，於角板山賓館風景區內有蔣公行館、神祕地下通道、藝術雕刻公園，也有梅、柏、松等林蔭綠樹點綴園內，值得一遊。泰雅族則稱此地為 Pyasan（比亞山），意指「物品交易的場所」。

前行到了羅浮，便是羅馬公路、市道118線的起點，此山路蜿蜒，卻是原民部落回家的必經之路，其中約48K～58K路段，原鄉風景橫跨了泰雅族三大部落：溪口部落、奎輝部落及長興部落。

防災優先　山路養護費用不足

同樣是部落原鄉之路，位於大漢溪以北的區道桃112線、桃119線，是通往霞雲部落、志繼部落的道路，地勢和市道118線相似，饒富自然原始景觀，沿途有十數個露營區，或臨近石門水庫下游的水岸，或深入部落的祕境，無論是家庭出遊或露營活動都是不錯的選擇。不過，隨著海拔越來越高，山區經年累月遭到風雨侵襲，水土損害狀況越來越多，對於當地的居民和部落而言，一條完善安全的路，其實並不容易。

事實上，山路的修護與改善，經費與執行上都比平地道路難度更高。以市道118線47K+980～58K+000路段來說，歷時167天、於108年2

羅馬公路可直達桃園復興鄉的溪口台地風景區。（攝影／吳志學）

月完工的修繕工程，即便維修需求早已出現，但經費卻很難到位，只能逐年局部整修。尤其在復興區就有八條山路，山路彎曲綿長，每年道路的養護經費，多半用於防災與災後修復，像是水溝排水系統等，真正能用在改善路況老舊、夜間照明不足等項目的經費比例，就相對少了。

「同樣一筆經費，在市區可能90％都會用在重新鋪路、改善路況，做到美化又安全。但山區道路就是天災多、損壞多，一定先用在防災；加上地勢險峻，修路人力與物力的成本也都比市區高。」桃園市政府養護工程處處長劉軍希表示，為促使城鄉平衡發展，讓偏鄉也能擁有安全的用路權利，桃園市政府養工處投入山路的修繕，配合國家前瞻計畫，提升整體基礎建設，終於有較充裕的經費能投入道路養護整建。

更新透水鋪面　改善排水系統

市道118線與桃119線此次修繕的路段都位於桃園復興的前山，是遊客前往山區觀光必經的重要道路，而且羅馬公路曾獲選環臺自行車比賽路段，也是深受單車騎士喜愛的挑戰路線。改善計畫主要為提高道路夜間自明性，讓用路人晚上也能安全開車；同時，道路建設融入原鄉文化，打造特色道路；更期許讓山區道路品質達到與市區道路相同水準，進一步促進地方產業發展，實踐原鄉的用路正義。

計畫內容又細分為四項，包括「道路養護整建」、「生態路網建置」、「道路幸福設施」及「形塑城鄉人文

> 同一筆修路經費，市區道路可能九成都會用在重新鋪路；但山區道路就是天災多、損壞多，一定要先用在防災。

全長 36 公里的羅馬公路，終點在桃園復興鄉羅浮溫泉。

地景道路」。在道路養護整建方面，首先是老舊道路全面刨除重鋪；像是超過 5 年以上老舊鋪面刨鋪更新，並以透水鋪面加速路面排水，提升道路耐性，降低路面龜裂的損壞，延長道路使用年限。再來是排水系統改善，並增設排水溝蓋；一方面減少豪雨積水對路面的侵害，另外排水溝加蓋可避免行車不慎掉落，也加寬路幅。其中，市道 118 線部分路基新增 R60 路基改善，這是一種循環經濟再利用的路基工程，使用 60％再生回收粒料。路基改善 60％使用原本路段的瀝青刨除料，在市道 118 線的取代量為 360 噸，減碳量可達 2,516 公斤，既減輕山區運料難題，又達節能減碳、循環經濟的目標。

環保道路工法 路旁補種植栽

在生態路網建置方面，市道 118

公路熱知識

R60

為循環經濟再利用的路基瀝青工法，其中 R 指的是回收瀝青路面材料（Reclaimed Asphalt Pavement，簡稱 RAP），後面的百分比則是 RAP 含量。主要優點有五項：1. 儘可能減少瀝青鋪路材料的浪費。 2. 節約自然資源（主要是瀝青和骨料等原材料）。3. 節約開採、加工和運輸原材料時消耗的能源。4. 通過節約能源，達到減少碳排放的目的。5. 降低瀝青鋪路的成本。

多孔隙瀝青混凝土

為具有高孔隙率的排水性材料。原理是利用級配調整，使粗細骨材間的孔隙率提高至 15〜25％左右，組成元素為加熱的粗粒料、細粒料、瀝青膠泥、纖維材料及乾燥填充料，依配比設計拌和而成。形式有兩種：排水性瀝青鋪面、透水性瀝青鋪面。

主要優點為：1. 防濕滑。透水性瀝青可迅速排洩雨水（依工程會施工規範每 1,000 平方公尺需檢測一次，透水率需大於 900ml／15sec）並預防濕滑，故可確保行車安全，並能有效降低濕路面噴濺及路面反光暈眩。2. 降低行車噪音。由於輪胎及車首間的氣體被下壓至表面孔隙，故滾動阻力及噪音皆有效降低，同時節省耗油量及輪胎的磨損。

奎輝國小前的坡道，以透水性佳的環保道路工法，
守護學童安全，也是最佳環境教育。

線在奎輝國小前的 100 公尺路段，特別使用多孔隙瀝青混凝土的透水性瀝青鋪面。也因為材料單價高於一般瀝青混凝土約 1.2 ～ 2 倍、且需定期維護，故在山路維修仍屬實驗之作。「這是我們一直很想做的環保道路工法，選在國小學校前施作，一方面剛好是坡道，透水性鋪面的排水性非常好，在天候不好的時候，學童上下學更安全；另一方面，也可以作為學校環境教育的最佳實例。」養工處強調，多孔隙瀝青混凝土的透水性瀝青鋪面多用於高速公路，其實在山區道路也非常需要，透過前瞻計畫終於有機會使用於改善山路。

負責市道 118 線改善計畫的凱楠營造代表林梅英，就是住在復興區的

泰雅族。「很多部落居民看到這條路那麼好，竟然可以把雨給吸走，保持路面穩定不打滑，都問我們為什麼只做那麼一小段？」林梅英說，族人對於道路改善都非常有感，尤其是開車載貨的人，順暢、平穩又安全的山路，對大型車的行駛更重要。

至於桃 119 線的生態路網，則是在道路兩旁隙地補種當地植栽、規劃多層次植栽，像是國人最愛的櫻花林。事實上，桃 119 線其中一段的成福道路，初春時分就形成櫻花大道，一路通往東眼山森林遊樂區，美不勝收。嫣紅豔麗的緋寒櫻，渲染了整條道路，每逢花季，櫻花盛開之處，也是人潮車流的匯聚熱點。而今在休憩的隙地也能悠閒賞櫻，更添愜意。

綠能科技標誌 融入原鄉元素

在道路幸福設施方面則有三項主要措施，包括路燈、指標的 LED 化，並採太陽綠能，轉彎段指標改善，以及標線改善。過往純粹以橘黃底色、黑色箭頭的轉彎指標，現在結合綠能科技，採用太陽能 LED 警示標誌，於彎道設立警示標誌具閃滅裝置，降低夜間行駛山區轉彎路段的危險；同時提升自明性，讓駕駛能清楚看見標示，安全更有保障。部落及國小出入口，則劃設具反光性的冷塑型標線及標誌全線標線，並高抗滑係數 BPN65 的設計，提升行車及行人的安全。

至於形塑城鄉人文地景道路上，特別展現尊重地方的設計巧思。養工處表示，「這兩條道路都是原鄉之路，卻缺乏原鄉在地性和地貌文化，因此我們在設計上添加文化性和故事性，除了改善基礎建設，也能突顯出泰雅文化之美。」首先是充滿原鄉特色的路燈，以獵人射獵造型的燈桿與附掛式燈具，搭配全面更新使用節能 LED 燈，除改善照明以外，並能達到節能減碳效果，合計每年省下 11 萬 7,027 電費及 1 萬 8,752 公斤的碳排放量。

羅馬公路途中則有個觀景台，路過遊客必會在此停駐眺望石門水庫與山巒交錯的美景，但在經年累月的使用下，觀景台已多處殘破、兩旁雜草叢生，平台最前方還有危樓的疑慮。養

具泰雅圖騰設計的觀景台，讓旅人能安全閒適地遠眺山水風景。

位於桃119線的隙地空間，以竹子設計成可供部落買賣的農民市集。

把山羌、水鹿的原民文化融入擋土牆設計。

我們在設計上添加文化性和故事性，除了改善基礎建設，也能突顯出泰雅文化之美。

工處以泰雅族圖騰為元素全新設計，以「山」、「水」、祖靈之「眼」三個元素轉化為菱形線條，與石門水庫的山水呼應。同時，以數位虛擬空間來模擬營建的「BIM技術導入」，運用科技讓觀景台的六支椿腳能穩實精準置入不平整的斜坡擋牆，平台空間更寬闊舒適，給遊客真正的安心悠然。

部落入口及擋土牆 洋溢泰雅圖騰文化

桃119線沿線還有幾處很有設計感的隙地空間，這是原鄉可在此聚集買賣的農民市集。過往，部落族人會把自家種的耕作帶到路邊兜售，生意不好做，也相對危險；現在，有了設計視覺吸睛的農民市集，原鄉小農也可在此安心交易，更有聚眾特色。

部落入口處的景觀則洋溢原民部落色彩，像是市道118線的奎輝部落的泰雅語念起來的音是「可揮路」，意為鹿角，中文諧音成奎輝，據說中

古時此處山羌、水鹿群聚，因此得名；呼應這個傳說，入口意象便將孩童、動物及植栽元素融入設計之中。而長興部落又稱竹頭角部落，特別擅長傳統打擊樂，期許藉由音樂、舞蹈來推展觀光，營造出「樂舞部落」的風格，因而以此特色結合原有的頭角崢嶸的意象來設計。

原民文化特色也現身在道路旁的擋土牆，藝術形式多元。像是奎輝國小周邊圍牆，沿續奎輝部落的古名之意，採用高溫窯燒的藝術陶版，將水鹿、山羌結合在國小的牆面之上，栩栩如生的擬真靈動，教路人為之驚豔。而嘎色鬧獵人學校則結合泰雅族人文地景特色，以獵人、山豬及泰雅菱形圖騰，表現美化環境的公共藝術。

還有路旁特色里程牌，則是運用泰雅文字，加入上下橫幅之紅色及黑色泰雅菱形圖樣，成為公路打卡點。除了阿拉伯數字的里程，捕獲野生49K、50K、51K泰雅文字里程牌，則是旅途中的意外驚喜。

山區工程考驗多
運輸時間成本高

「在設計階段與居民和地方領袖協調是很大的挑戰。必須綜整用路人的想法，也要掌握當地的原鄉特色，並取得地方長官、部落頭目的肯定。」養工處表示，除了施工前的多方溝通之外，道路工程最怕氣候不佳，偏偏計畫開工時遇上雨季，使得山區常常有午後雷陣雨或多霧問題，影響施工進度。「還好施工階段只要遇上好天氣，廠商都願意加派人力趕工，讓進度順利完工。」

山區道路維護不易，特別有幾項難處。像是山區多雨，一旦發生坍方就得停工，必須盡快以人工清除土石；還有山區落葉多，剛鋪好的水泥可能遭殃，因此，必須有澆置面防雨遮蔽，且澆置前要先以高壓空氣清理。再來，雨水造成脆弱、軟化、龜裂的路基不良問題，則搭配不同級配的瀝青原料，重建堅固耐用的道路；而新的建置如何與既有構造銜接，每一處的狀況都不相同，也是工程師的考驗。最後，取得 C40 透水混凝土等鋪面材料的運送距離比市區高出許多，運輸成本與時間等也必須精準評估。

而今，在工程人員的努力下，隨順四季，無論旅人、車友、原鄉居民，無論白天黑夜，平整安全的復興區山路串連人與地方各種美好的經驗，也將帶動地方觀光產業、運動休閒與文化活動。

四季美景、原鄉風情
富饒復興之美

夏季，沿著山路的露營區、天然瀑布，不僅是烤肉避暑勝地，夜晚更是賞螢的祕境。桃 119 線終點的東眼山國家森林遊樂區，過去曾是林務局的伐木林班，留下了許多林業遺跡。在東滿步道口，還座落著一塊造林紀念石，見證著臺灣林業的過去。

漫步在雲霧繚繞、整齊美麗的柳杉林間，拾級而上登頂海拔 1,212 公尺的東眼山，一覽桃園到大臺北的景致，是最舒心的森林浴之旅。東眼山的生態也非常豐富，擁有數十種山鳥及多種哺乳動物，像是白面鼯鼠與臺灣野兔都是棲息在這裡的居民。

奎輝部落的入口意象是用陶瓷燒製的山羌與水鹿。

運用泰雅文字與菱形圖樣的特色里程牌。

另一個別緻的景觀亮點則是綠光森林，位於復興區往東眼山的路上，標高 700 公尺，可遠眺南北插天山，景色宜人。園區占地三甲，綠草皮偶見美麗諾綿羊，也有裝置藝術可供拍照；春末有螢火蟲、夏天採桂竹筍、秋天賞水杉、冬天常有雲海，是闔家休憩、優雅賞景的好地方。

偏鄉或許沒有城市的豐富資源，遼闊天然的山水景觀卻是無價。在原鄉聚落的復興區，春季有山櫻花的粉紅隧道，還有桃源仙谷裡盛開的鬱金香；夏初山間有著象徵客家風情的油桐花，到了秋日則滿山芒花如夢幻白浪。四季之美、原鄉風情，盡在桃園復興這塊寶地。

桃園市政府養工處表示，市道 118 線、桃 119 線道路藉由暢通道路，積極推廣原住民族相關活動；未來遊客到復興區旅遊，可從溪口、角板山、羅浮、小烏來、拉拉山等五站及羅馬線一路暢遊。在山間蜿蜒迴盪，串接新北、桃園、新竹等地最美的風景，細細品味慢慢行，公路之旅永遠有驚喜等著遊客發掘。

東眼山國家森林遊樂區的步道。
（提供／天下雜誌‧郭政彰攝影）

春季角板山行館的梅花盛放，點綴公路風情。（攝影／吳志學）

新竹

邁向平權

新竹五峰維護原鄉用路正義
不再被落石阻斷的將軍路

半世紀前，蜿蜒狹窄、地勢顛簸的五峰鄉山路，滿地砂礫黃土、經常落石坍方，
成了當年幽禁張學良將軍的天然屏障。而今來此憑弔傳奇的遊客，與世代生根
定居的歸人，都有同樣的夢：一條出門暢行、回家平安的朗朗之路。

文字／葉亞薇　攝影／劉威震

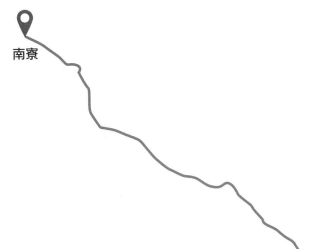

南寮

軟橋
彩繪村

上坪

五指山

清泉

土場

觀霧森林
遊樂區

　　新竹縣五峰鄉因境內有五指山等五座山頭屹立雲霄而得名，山巒起伏綿延，地勢多屬山岳森林、幾無平地，卻充滿人文底蘊，是以泰雅族、賽夏族及少部分客家族族群為主要居民的山地鄉，擁有面積廣闊的森林、滔滔不絕的清泉和溪流，風景秀麗。山林之間有零星平坦農地，居民引山澗溪水灌漑開墾農田，是自然資源、生態豐富的地方。

　　渾然天成的五峰美景，由北而南由縣道122線穿越，又名南清公路，從新竹市南寮出發，終點為新竹縣五峰鄉的清泉、土場，多年來道路不斷因天災受損，常有落石、路面破損及部分路基流失沉陷等狀況發生，對用路人安全造成威脅，遊客與居民行路必須更謹慎。

順利運送農產 安全通學就醫

　　122線沿線的原鄉部落以務農為主要產業，種植甜柿、水蜜桃、高山茶葉、高麗菜等蔬果，因為高海拔的氣候風土，使得農特產多元、品質良好，成為居民的重要經濟來源。「水果不能久放，一旦收成，就要盡快運送下山販售，才能賣得好價錢。」桃山村果農賴先生說，夏季山上經常發生豪大雨，

造成土石坍方、中斷道路，甚至是路面出現龜裂，阻斷通行，道路維修必須等上好幾天，正逢產季中的水果可能因此無法及時送下山，讓一整年的心血就此泡湯，實在很痛心。

山路交通風險多的問題，也讓部落與村莊的居民多以中老年人為主，青壯人口或務農、或經營觀光民宿、餐廳，靠遊客到此遊玩來貼補收入。五峰鄉有五峰、桃山等四所國小，國中則只有五峰國中一所；這些在山上國小就讀的當地孩子，一旦到了國中，就可能舉家外移到市區、外縣市，或是讓孩子寄住在外地親友家讀書，小小年紀就得離開父母，學習獨立。而留在山上的老人家，最怕就是生病看醫生，因為山區醫療資源不足，沒有大醫院，加上老人家可能行動不便，如果不小心跌倒、發生意外，得靠人

力接駁背著走，甚至是申請直升機出動。這些都突顯出當地就醫和就學不便的問題。

針對 122 線是位屬山區且部份路段沿上坪溪闢設的道路，外側護欄老舊、毀損不堪使用，以及路面破損與部分路基流失沉陷的狀況，新竹縣政府工務處希望能藉由路面品質改善工程，結合周邊社區風貌及溪流景觀，提升計畫道路整體品質，包括針對道路鋪面平整度進行維修，弭平過去常有載貨重車行駛所留下的鋪面損害，並改善邊坡下滑和排水坡度，使行駛更為平穩安全。

反光護欄夜間安全
號誌共桿節電省時

過去 122 線路面有多處補過的痕跡，且柏油鋪面不平整，路段路基流

新竹縣五峰大橋是進入五峰鄉的入口，以泰雅圖騰、射獵文化設計橋檔與路燈。

失沉陷，車道上還有台電、中華電信等單位的人手孔蓋分布，這次透過計畫，工務處刨除舊有路面加工，部分路面以柏油、鋪設再生瀝青混凝土路面改善；並將中華電信電纜地下化，於地下設置電箱，以增加路幅。

考量多數駕駛在山區行駛速度過快，除了將原本採用明溝的排水溝加蓋，並從土溝改為L溝，使道路加寬、會車空間較有餘裕，提升道路交通安全。同時，既有紐澤西式護欄、鋼板護欄已經老舊毀損，不堪使用，當行車車速過快時，容易使車輛失控翻落路幅；因此，新竹縣政府工務處將既有紐澤西式護欄、鋼板護欄拆除，更換成反光式鋼板護欄，使得夜間行駛的照明度更好，連帶有反光警示功能，讓整體山區道路行車更安全。

另外，路口路燈標誌號誌改採共桿設計，也就是讓紅綠燈、路燈是設在同一個路桿上，成了一桿雙用。新竹縣政府工務處表示，因為道路沿線有多個部落，過去在道路兩側均無設置人行道，容易造成視線不佳，影響居民出入安全；而路燈標誌號誌共桿的設計，正好能化解道路安全的問題，並具有幾項優點：「立桿減量化」將號誌、標誌、路燈共桿化，以達到立桿減量美化道路景觀目標。「燈箱模組化」把共桿路燈設施做成獨立模組，便於日後的維護、拆卸及重組。「用電節省化」使用太陽能集熱系統點亮交通標誌，降低用電費用，達成節能目的。「工期縮短化」將路燈、路街牌、交通號誌燈、警示牌、行人計時號誌燈等共桿化，一次施工，多重功效，使工期縮短。「科技化」將冷光片、LED燈省電設備結合應用在交通警示與限速標誌，運用科技改善交通。「維護容易化」共桿路燈設

將老舊護欄更換為反光式鋼板護欄，並刨除舊路面以再生瀝青混凝土重鋪，提升山區行車安全。

五峰大橋上設立的原民意象。

施為獨立模組，日後維護將節省成本，更方便管理。

客家老街彩繪村 呈現生活采風

此外，道路工程也融入當地社區意象，並結合上坪溪生態，規劃具在地特色的水岸景觀道路。122線前段的重要景點，包含軟橋彩繪村、千人奇幻彩繪屋及上坪老街等，都是客家聚落；其中上坪老街的磚牆古樸，是傳統閩南磚造的樓屋建築，混合了日據時代流行的仿巴洛克式西洋建築風格，也有一些以鋼筋混凝土、洗石子為建材的現代主義風格。目前當地居民多是老人家，老街容貌充滿歲月滄桑；而里長家、雜貨店都販賣在地自家手工炒製的花生，風味不錯，是老街的客家味。

用色大膽鮮豔、每幅畫都說著現代又傳統的客家生活，映入眼簾的「軟橋彩繪村」處處有奇趣。這個位於公路旁的小村落，村民將周邊街道、房舍、門牆、柵欄和電線桿都當成畫布，一筆筆塗上各種繽紛色彩的圖案，有克勤克勉的打油詩、有客家搗麻糬的場景、風調雨順的祈福、土地

上坪老街的傳統閩南磚造樓屋，混合日據時代流行的仿巴洛克式西洋建築風格。

公信仰等，洋溢農家生活的風情。其中，以千人奇幻彩繪屋最令人嘖嘖稱奇，故事由牆壁的左上角落開始，包括盤古開天、發現諾亞方舟，到人類逐漸進化、生活品質提升，轉入現代生活場景，密密麻麻地畫滿一整面屋牆，士農工商各行各業勤奮工作，農民五穀豐收，如此畫出世代人的喜怒哀樂、愛恨嗔癡，真是奇人奇畫。

而順著 122 線流過的上坪溪，則是頭前溪的上游，擁有青山綠水的自然景色，處處美景，溪水清澈沁涼，還可從事泛舟活動，而兩岸寬廣河床則是許多露營愛好人士眼中的寶地。新竹縣政府工務處也結合上坪溪的生態，規劃具在地特色之水岸景觀道路，讓用路人更親近山水地貌。

投千萬災後復建 守護用路正義

至於道路與隧道邊坡的養護與維修，又是另一個安全關鍵。以瑞峰隧道為例，這座於民國 106 年通車、耗資 4,230 萬的景觀鋼構明隧道，當時是因應 122 線路旁有大片風化岩，多年來遇雨就有落石，嚴重威脅往來民眾的通行安全，所以配合地形建設此隧道，讓用路人通行更有保障。然而，經年累月，隧道上的邊坡依舊有落石掉落，隧道需要加蓋讓安全升級，邊坡也需要防止落石阻礙用路安全。

事實上，臺灣山區公路的邊坡常呈現破碎狀態，降雨過大時，就容易發生土石崩落現象；為展現良好防治功效，新竹縣政府工務處應用貼地式

金屬防護網穩定邊坡，達到保護道路行車與人員的安全。施作工程高度注重與環境融合與綠化，並配合坡地植生，同時達到綠化與水土保持的成效。

新竹縣政府工務處處長林鶴斯表示，道路修護的投入經費，偏鄉不亞於都會，甚至以人口比例來說，偏鄉反而更被重視。122 線屬於水質水量

位於道路旁的軟橋彩繪村，村內房舍、柵欄、電線桿的彩繪用色鮮豔，頗有當代藝術的趣味。

保護區，經環評不適合大作開發，也就是不允許開拓大型公路；所以每逢大雨就會發生落石坍方、溪水暴漲及擋土牆倒塌等狀況，造成道路中斷。每年新竹縣政府皆投入五、六千萬經費進行災後復建，正是認定縣道122線是五峰鄉對外聯繫的重要道路，務必盡力維護居民、原鄉部落用路權益。

正因為在險峻的山路執行養護工作，勞工安全更是重要。林鶴斯指出，在施工前成立緊急應變中心、規劃緊急逃生路線等事項，施工中則落實現場人員防護用具的佩戴，並做好現場交通維持與管制措施，讓同仁維護公路也能保護自身平安。

五指山香火鼎盛
清泉故居思過往

「上去看看五指山吧！上面的廟都很靈的。」工程承包商陳先生建議。成長在新竹市，從小便跟著長輩往五指山上廟宇拜拜的他，成年之後也會跟朋友前來，特別強調上五指山參拜不是年長者的專利，連年輕一代都非常熱衷。從五指山登山口驅車前進，竟要花費半小時車程，山路蜿蜒、一路爬坡，比起市區平地，參拜之路不如想像容易。

不過到了山上，只見五指山氣勢雄偉，沿途茂盛林樹、古木參天，依山眺望，疊山之間霧氣飄渺，真有「雲

> 122線經環評不適合開拓大型公路，但又是五峰鄉對外聯繫重要道路，因此新竹縣工務處努力維護原鄉居民用路權益。

新竹縣政府工務處處長林鶴斯。

五指山上寺廟連成一氣，背倚山巒，更具氣勢與幽深。

深不知處」的感受。山上寺廟連成一氣，像是灶君堂、玉皇宮、磐古寺、五峰寺、觀音禪寺等，每座寺廟香火鼎盛，據說神通靈驗、還願者眾；除了祈福參拜，來此登山運動也能心曠神怡。

繼續往五峰鄉前進，路途百轉千迴，越往山巔，陽光也漸漸消失，灰茫雲霧來襲，轉眼要變天了。清泉溫泉、張學良故居等風景區指標雖在眼前，路途卻有相當距離。

「十載無多病，故人亦未疏。餘生烽火後，惟一願讀書。」走進張學良故居的日式屋舍，書房內映入眼簾的是主人的暮年心志。位於桃山村公車站牌旁的張學良故居，是許多遊客憑弔參觀的人文景點。西安事變是國民政府失守大陸的重大關鍵，而時任東北軍將帥的決策者張學良，也因此落入囚徒命運；35 年起，張學良與趙四小姐就在清泉部落，度過 13 年之久的幽禁歲月。遙想當年，山路高深、荒地原始，交通艱困數倍，渾然天成的放逐之境，消磨多少人稱少帥的風發意氣。

如今的清泉故居是重新仿建的日式木造建築，當年的故居屋舍早已被颱風摧毀，目前規劃成對外開放的紀念館，空間、格局、家具、收藏，都保有 40 年代的生活況味。一進門，張

五峰鄉桃山村的張學良故居,是開放旅客憑弔參觀的人文景點。(提供/天下雜誌·李佩書攝影)

學良晚年與趙一荻的合影,揭示一代人物的風雨生平;落地紙窗轉角處,一張藤桌、二把藤椅,咖啡杯、泛黃書卷,馬上走入這對患難伉儷的閒談場景。悠然寧和的時空,成敗英雄皆已灰飛煙滅。

三毛故居憶文采
吊橋溫泉享悠閒

在張學良故居附近,即清泉一號吊橋的另一頭,還有一個人文亮點:三毛故居。那是一棟低矮簡陋的紅磚屋,作家三毛為了尋找寫作靈感並協助翻譯丁松青神父的著作,找到了這個她喜愛的夢中之家,名為「夢屋」,就此住了三年(72~75年)。聽說當年紅磚屋面臨山水美景,能俯視整條霞喀羅溪的美麗河谷;當起霧時,還能看見充滿朦朧美的清泉,如同置身夢境般,吸引著三毛流浪靈魂的眷戀。現在的故居裡,展示著三毛的作品、照片,供讀者憑弔。

而三毛最愛的清泉一號吊橋,便位於清泉風景特定區,日據時代即以溫泉聞名,四周山巒環抱,上坪溪流貫其中,清幽雅緻。風景區內共有三座吊橋,橫跨於上坪溪上,長度都超過100公尺,橋下溪水清澈,遠山青翠,入冬後,滿山鬱鬱綴以秋色橙黃與豔紅,颯爽優美。向山走去,走上清泉部落的老吊橋,感受它沉靜地橫躺在霞喀羅溪間山坳,或探訪清泉步道、桃山步道及瀑布,還有溫泉可泡,是假日休閒的熱門去處。

而舊名井上溫泉的清泉溫泉,早在日據時期時,就是新竹地區日本貴族的最愛,有「清泉試浴」的美譽,為昔日的新竹八景之一。水質清澈、無色無臭、水量豐沛,故稱「清泉」,水溫約48℃,隨著天氣變涼,泉溫也隨之提高,氫離子濃度為8。據說受傷的野生動物會以此溫泉作為浸泡療傷,而泰雅族人發現具有療傷功能,更是加以仿效學習,養成泡湯習俗。

白蘭部落體驗農家
觀霧森林感受自然

隨122線深入五峰鄉,途中支線可連接至賽夏族矮靈祭場,以及被雲海繚繞的白蘭部落。位於海拔1,200

公尺的白蘭部落，不僅能感受當地早期原民生活文化與原民開闊豁達的胸襟，更能在此遠眺西部平原的廣闊美景，親自到蔬果園區來體驗當農夫的樂趣。得天獨厚的高山氣候，加上清澈甘甜的天然泉水，讓蔬菜充份吸收並富含各類礦物質，讓這裡的高冷蔬菜吃起來清脆回甘，成了種植高冷蔬菜及溫帶水果的好風土。

不能錯過的景點，是五峰鄉與苗栗泰安鄉交界的觀霧森林遊樂區，海拔約 1,800 公尺，境內經常瀰漫雲海、霧氣，又稱為「雲的故鄉」。園區內有多條森林步道，可通往樹齡 2,000 多歲的神木、巨木林、瀑布等，還能觀賞日出、四季分明的自然百景，更孕育許多臺灣特有種或瀕臨絕種的動植物資源。

一條充滿挑戰的山路，負載著用路人對日子的期盼與希望。路暢其通、貨暢其流，才有更好的聚落與生活。

122 線不可錯過的景點——觀霧森林遊樂區。（攝影／黃基峰）

\# 風景公路　\# 繁榮創生

苗栗造橋好客綠色廊道
舊路新生 回家深耕

歷經近 9 年的台 13 甲線工程已於 108 年 11 月通車，換線完成後，空出來
的台 13 甲線舊路段，則由造橋鄉公所規劃為綠色生態廊道，嘗試以建構在
地未來生活為目的，打造一條人車共存的綠色景觀迷你公路，用情感與溫度
為這塊土地找尋更多可能。

文字／鍾文萍　攝影／楊智仁　部分照片提供／苗栗縣政府工務處、造橋鄉公所

竹南

台 13 甲線

香格里拉樂園

台 13 甲線舊路段
（造橋好客綠色廊道）

造橋

苗栗

「截彎取直」的概念不只用於河川，也經常使用於道路設計。由於原有道路路幅狹窄、彎度或坡度過大，或因為車流擁塞無法負荷，或為避開人口稠密處，於是將既有道路進行拓寬或改建橋梁，將路段「拉直」，提供舒適安全的道路空間環境、提升用路品質。

新建道路共同特色是：路面平整寬直、通行順暢。至於舊路段，當各類載具往來頻率大幅降低之後，有的重返寧靜，有的卻逐漸沒落，有的則在地方政府悉心營造下，展現出「公路花園」、「綠色廊道」的新樣貌，台13甲線苗栗縣造橋鄉舊路段便是其中之一。

新路：新闢替代道路　建構健全路網

台13甲線（尖苗公路）北起竹南、南至苗栗，全長15公里，為聯絡頭份、竹南、造橋、後龍及苗栗市五個鄉鎮市的南北縱貫交通要道。尖峰時段車流量大，沿途蜿蜒多彎，尤其從冠軍磁磚造橋廠至豐湖國小路段地

台13甲線為聯絡頭份、竹南、造橋、後龍及苗栗市五個鄉鎮市的
南北縱貫交通要道，沿途蜿蜒多彎。

形起伏，經常導致駕駛人視距不佳，加上其間有多達 10 處彎道、路寬不足且沒有配置機車道，汽機車混雜爭道相當危險，而苗栗高鐵站於民國 104 年完工通車後，為周邊鄉鎮帶來更龐大的車流量，使得交通安全問題更形嚴峻。

為健全完善路網，提供駕駛人更便捷、安全的道路空間，公路總局與苗栗縣政府自 100 年起，將台 13 甲線其中具有交通、經濟效益且具重要性、急迫性或具危險性的路段，以新闢替代道路解決問題，針對造橋 2 號隧道至北勢大橋，分工進行拓寬、截彎取直等工程，由於經費有限，分為 3 段施作。分別為：香格里拉樂園前替代道路、造橋 2 號隧道至冠軍磁磚（8K+150 ～ 9K+600）及豐湖國小（11K+300 ～ 11K+600）路段、豐湖國小至北勢大橋（11K+600 ～ 13K+700）路段。換線完成後，空出來的台 13 甲舊路段（原香格里拉樂園前舊路），則由造橋鄉公所執行「綠色生態景觀廊道工程」活化使用。而整體工程最後一路段已於 108 年 11 月通車，歷經近 9 年的台 13 甲線工程至此完成「最後一哩路」，全數完工。

公路總局第二區養護工程處苗栗工務段段長陳禎康表示，台 13 甲線為高鐵苗栗車站特定區東側北通頭份、竹南，南往苗栗市的重要聯外道路，

為避免對民眾生活造成劇烈影響，因此拓寬工程採半半施工，也就是一半路段施工，一半路段維持通行，階段性縮減道路。道路寬度原本為 16 公尺，都市計畫區拓寬為 20 公尺，非都市計畫區拓寬為 22 公尺，車道依然維持雙向 4 車道，增設慢車道導引汽機車分流。工程共有 2 座人行陸橋配合國小廢校一併拆除，同時高鐵橋下淨空需要配合降挖，共有 6 個管線單位須協調，其中台電 75 支電桿、中華電信 7 支電桿都實施管路地下化，以提升道路平整度及景觀。此外為了配合苗栗縣政府「易淹水地區水患治理計畫」，將後龍鎮校椅里、豐富里交界的彼岸橋從 17 公尺改建增長為 32 公尺，並提高橋梁底部高度以改善通水斷面。

地方齊心協力 9 年寸寸推進

「最困難的地方在於，道路拓寬工程經過都市計畫房屋密集區，工程現場緊鄰民宅，必須兼顧民眾出入的安全便利與工程進度。」像是 107 年施作造橋段房屋密集區時遇上連續兩個月下雨，工程進度緩慢，又適逢農曆春節前忙碌高峰，路旁住戶怨言四起。「所有工程團隊都急著拚命趕工，希望早日還給居民寧靜乾淨的居住環境，但不巧天公不作美，只能在施工團隊與住戶之間努力溝通協調，把民怨降到最低。」

其實多年下來，施工團隊與民眾、地方代表互動頻密，對地方事務與彼此立場都有一定的熟識與同理。有一回，拓寬路段必須拆除民房，地方通報一名獨居長者由於年事已高、無力

台 13 甲舊路段整建後將人行道、自行車道、汽車道以行道樹綠帶分隔，兼具綠美化與人車安全效益。

台 13 甲舊線與臺鐵鐵道交錯，並設有當地居民搭乘客運的重要站點，因此工程著重創造更舒適的人行用路空間。

自行拆除搬遷，工務段立即協調施工廠商幫忙拆遷，讓長者得以在最短時間內重新安居，也讓工程順利進行。

陳禎康說，交通工程帶來人類生活上的便利，同時也在盡力降低環境衝擊。台 13 甲沿線為石虎活動區域，車輛繁多、交通量大，考量用路人及野生動物安全，109 年 3 月起，造橋路段（9.6 公里至 11.2 公里）晚間 8 點至翌日早上 6 點速限調降為每小時

50 公里。未來也將在石虎出沒熱區建立生物圍網，引導石虎通行生物箱涵，減少路殺交通事件。「讓道路成為與環境共生、與自然共存的永續脈動。」

舊路：
重塑人車共存的生活化道路

台 13 甲線替代道路完工通車後，香格里拉樂園前的舊路段轉為地方村鄰道路，車流量變少，使用率大幅降

造橋鄉公所建設課課長馮天君。

綠色廊道工程的自行車道，可連結山線鐵路舊隧道的自行車系統，延伸悠然慢晃的遊憩路段。

低。這條舊路介於造橋火車站與豐富火車站之間，與部分臺鐵鐵道交錯並行，長度雖僅 1.615 公里，但在交通方面有「新竹→苗栗」苗栗客運行駛停靠，為當地居民習以仰賴的大眾運輸工具，也是造橋人氣景點香格里拉樂園對外主要聯絡通道。至於景觀資源方面，公路與北勢溪時而平行、時而交錯，從空中看，就像一條蜿蜒於丘陵縱谷間的迷你綠帶。

造橋鄉公所建設課課長馮天君指出，造橋鄉地處竹南、頭份及苗栗等城鎮的中間地帶，既是交通樞紐，也是這些大城鎮的觀光後花園。因此造橋鄉公所積極爭取前瞻計畫，獲公路總局補助，希望活化台 13 甲舊路段，打造成綠色生態廊道，讓舊路也能充分發揮效益，變身為苗栗休憩、賞景的另一去處。

有鑑於氣候變遷、極端氣候已成常態，道路養護觀念也逐漸從「綠美化至上」轉變為兼具景觀、生態、防災、休閒遊憩等多元考量。苗栗縣長徐耀昌表示，造橋好客綠廊道工程施作以人為本、生態優先，型塑城鄉人文地景道路，盼為公路改道活化創下典範。

「別人拓路砍樹，我們要縮路種樹！」為建構人車共存的生活化道路，原本 15 公尺寬的四線車道縮減為兩車道，留設自行車專用道、行人步道與連續性綠帶，自行車道可連結山線鐵路舊隧道的自行車道系統。植物綠帶則運用四季林園、雨水花園概念，呼應環境紋理、連結客家庄淺山生態，每 400 公尺精心挑選不同季節的開花樹種：3 至 4 月花旗木、杜鵑花、藍花楹、黃花風鈴木盛開，夏季七里香、野薑花、大花紫薇、臺灣金絲桃、絹毛鳶尾輪番花開，秋季的桂花、矮性九重葛，以及全年盛開的扶桑，共計有上萬棵喬灌木依季節綻放不同景致，一年四季都有不同的繁花景致相伴。

在維持既有道路綠帶功能前提下，增加透水鋪面、雨花園、雨水貯流滲透設施，建構完善綠色基盤設施；腹地寬廣處則設置停車節點，增設候車亭、步道解說牌、休憩座椅等。馮天君指出：「造橋鄉以前是全臺最大的酪農專區，全國一半以上的酪農戶都

在造橋，因此廊道入口、沿線供民眾休憩的座椅特別以乳牛彩繪，讓造橋這段重要的產業史重新回到民眾的生活記憶。」

有情感、有溫度的綠色景觀迷你公路

施工期間難免造成居民出入不便，有時公車甚至直接從新建的替代道路脫班「落跑」，因此工程採半半封路施工方式，為了便於救護車及公務車進出，也設置客製化閘門以利通行。

道路的改變，路旁住戶最有感。香格里拉樂園從 101 年由勤美學團隊接手經營，以「在地生活美學實驗平台」出發，邀請國際藝術家、建築師或在地職人駐村，結合季節限定體驗旅程，適合三五好友與親子家庭，來場遠離塵囂的優雅冒險。「道路施工期間，業者請園區內的日本景觀設計團隊針對道路綠美化提供構想，由公所來執行，我們希望結合政府與民間的力量，讓道路不只是道路，也是讓人流連忘返的休閒遊憩空間。」據造橋鄉公所訪查，道路完工後，沿線住戶開始有了開店營業的意願，如咖啡館、個人工作室、手作坊等，然而其實早在數年前，兩位臺南藝術大學研究所的年輕女生詹昀軒、陳美聿已進駐此地，開起米口陶工作室，一個作品低調、內斂，善於應用陶土質感紋理變化；

台 13 甲舊路段重要景點香格里拉樂園由勤美學團隊接手經營，
打造成在地生活美學實驗平台。（提供／香格里拉樂園）

（提供／米口陶工作室）

（提供／米口陶工作室）

一個擅長運用插畫繽紛、童話、多彩的風格搭配陶藝，不同的創作風格，展現了陶作豐富度，更為地方產業沒落已久的造橋鄉，引入手作文化產業的曙光。

陳美聿表示，工作室前方的道路整修後，多了人行道跟腳踏車道，週末假日會看到車友騎車悠哉路過，熱鬧不少，她特別提醒：「畢竟是舊路，有些路段還是十分狹窄，過彎會車時要小心。」也增加了許多路樹、植栽造景，景觀變得更加美觀，「如果能加強路燈並安裝自動澆水系統，讓植物維持四季常綠，那就更完美了！」馮天君表示，未來將規劃農民假日市集，鼓勵「在地產業、在地展售」，也可封路辦理地方節慶活動，如踩街、客家嘉年華等，應用多元。後續

維護將由造橋鄉公所、社區、冠軍磁磚負責道路水溝清潔工作，香格里拉樂園則以認養方式，協助植栽的造型修剪、澆灌、施肥。

造橋好客綠色廊道宛如一條綠色引道，引領遊客來到這個苗栗最北的鄉鎮，從廊道周邊的香格里拉樂園、米口陶工作室開始，一路走訪劍潭古道、牛奶的故鄉、龍昇社區、造橋車站日式宿舍群及百年中藥行等地，探索造橋的自然與人文之美。「希望打造一條有情感、有溫度的綠色景觀迷你公路。」馮天君感性地說：「重塑這條道路蜿蜒、種滿樹木的舊路，與其說是為苗栗多創造一個景點，更精準地說，是我們這一代人嘗試為這塊土地尋找更多的可能、更多前瞻性的新思維。」

苗栗

永續實踐

苗栗搶救石虎總動員　瀕危找生機
為石虎找到回家的路

串連苑裡鎮、三義鄉、卓蘭鎮的縣道 140 線，為苗栗縣最重要的橫向道路，也稱為「苗栗南橫公路」或「火炎山公路」，是石虎族群的出沒熱點，因往來車速過快，路殺事件數量最多，在道路改善設計上必須兼具生物保護考量，給石虎打造一條安全回家的路。

文字／鍾文萍　攝影／楊智仁　部分照片提供／苗栗縣政府工務處

苑裡

南房

火炎山

三義

卓蘭

　　三義火炎山海拔高度雖僅 3、400 公尺，但由於屬東西走向，冬春之際，南、北冷熱氣流在此交會滯留，山頭常被濃霧籠罩；加上劃過山腳下的縣道 140 線公路其直如矢，各種車輛氣勢如虹地奔馳往復，揚起漫天沙塵，無論山景或道路，常給人一種終日陰雲的錯覺。

　　從道路景觀來看，140 線與其他縣市、鄉鎮間的交通道路沒有兩樣，近年之所以屢屢躍上媒體版面引起各界熱烈討論，肇因於道路周邊是臺灣現存唯一的野生貓科動物——石虎族群的出沒熱點。在石虎紀錄片攝像鏡頭下，你會發現牠通常在夜裡或天未亮的清晨出沒覓食，在道路兩側的農園裡留下踩踏過的淺淺腳印，或是在路邊東張西望等著「過馬路」或忙著找水喝，小小的身影有一派「緣溪行，忘路之遠近」的悠然。但牠躍然新聞畫面的，卻總是路殺的消息。

車速過快 石虎路殺數量多

　　石虎是生態的指標物種，存在與否，代表土地環境是否受污染或遭到破壞，極具生態與保育價值。早年遍佈全臺海拔 1,000 公尺以下的淺山地帶，由於與人類生活的區域高度重疊，

臺灣有許多公路如 140 線道架設於淺山地區，此處是介於森林和平原之間的緩衝帶，也是保育類野生動物居住的重要區域，如何共生共好成為當代環境永續的重要課題。

棲地大幅縮減、破碎化，目前全臺僅存 400 ～ 600 隻，低於小型食肉目動物最小可存活族群量 500 ～ 1,000 隻，已來到瀕絕臨界點。近年出沒記錄僅止於苗栗、臺中、南投，其中又以苗栗縣族群數量密度最高，也就是說，苗栗石虎的保育，於臺灣石虎族群的存續至為關鍵。

然而，截至民國 109 年 11 月，死於全臺各處道路上的石虎亡魂多達 108 隻，苗栗縣就佔了 75 筆，比例約 69％，遠高於其他縣市，顯示路殺防治為石虎保育的當務之急。其中 140 線在火炎山明隧道及鄰近卓蘭大橋部分路段，因緊鄰大安溪及景山溪畔，為石虎習慣下山飲水的主要路徑，大安溪畔更是苗栗石虎與臺中石虎重要的交流廊道，在公路兩側穿越頻繁，卻因為往來車速過快，路殺事件數量為全縣最多。

苗栗縣政府於 108 年三讀《石虎保育自治條例》，啟動路殺風險評估計畫，野生動物學家姜博仁認為，140 線路殺減緩、保持本區石虎族群交流廊道的南北暢通，在石虎保育議題上刻不容緩。他在《苗栗縣大尺度之路殺風險評估暨 140 縣道改善建議分析》報告中明確指出：「以改善優先順序，縣道 140 線道路應為最優先。」

兼顧道路改善與保育考量

> 道路設計如何兼顧生物保護考量，成為140線工程施作難度最高的地方。

140線由原本的縣道130甲、中苗6線、苗58線三條路線整編而成，從苑裡西濱快速道路（台61線）房裡交流道起始，穿過三義火炎山，再串接卓蘭白布帆，全長共計36.25公里，是一條全線沿大安溪北岸而行的東西向公路，連接南北向的西濱台61線、國道1號等四條省道與兩條國道，也是苑裡鎮、三義鄉、卓蘭鎮的觀光休閒主要幹道，為苗栗縣最重要的橫向道路，由於橫貫苗栗縣南端，也稱為「苗栗南橫公路」或「火炎山公路」。

公路兩側農業區、工業區、民宅市街交錯混居，平日砂石車、大卡車等大型車輛往來頻密，假日則有大批遊客經由此路段湧入三義、卓蘭旅行遊憩，道路車流量路使用遽增，石虎生存危機更顯迫切。

苗栗縣政府因此爭取納入前瞻計畫，辦理140線路面改善、景觀美化再造、槽化島及交通安全改善。苗栗縣政府工務處處長古明弘表示，道路存在的原始目的是為了提供用路者便利的交通與行車安全，但筆直、寬廣的道路往往也是動物路殺的高風險路段，因此140線因為所在位置的特殊性與重要性，在道路設計上必須兼具生物保護考量：「在進行路面改善的同時，我們也要給石虎打造一條

苗栗縣政府工務處處長古明弘。

火炎山明隧道及鄰近卓蘭大橋路段緊鄰溪流，正是石虎下山前往飲水的主要路徑與跨域交流廊道。

安全回家的路。」「這也是140線工程施作難度最高的地方。」

苗栗縣政府農業處的大尺度調查研究顯示，石虎下山前往大安溪飲水主要取道兩條路徑：橫越140線或繞道火炎山明隧道上方。而140線石虎路殺路段則集中在兩個熱區：火炎山明隧道口的兩側，以及卓蘭段奉天宮前後區段（台3線以西）。工務處思索：「兩個不同的道路環境，但面對的是同一個問題：如何減少石虎被路殺的機會？」

車流量與車速
是石虎路殺關鍵因素

調查指出，車速、車流量、道路周圍地形、道路邊界植被覆蓋率、周圍通道皆會影響路殺案例的空間分布，其中值得注意的是，「車流量」及「車速」被視為是最關鍵的道路因子。苗栗縣工務處邀集農業處、特有生物研究保育中心會勘討論後，除了在140線部分路段進行路面改善、槽化島改善、車道動線調整、道路拓寬、新設鋼鈑護欄工程、增（改）設交號誌燈之外，另外設置各式路殺減緩設施，包括：在12K+300～14K+000火炎山隧道口南北兩側，以及24K+650～24K+860路段道路，施作動物防護網、警示裝置及噪音標線路面；並於15K+820～25K+514路段設置區間測速。

「具體來說，就是在第一個熱區：火炎山明隧道前後兩端設置生物圍網，阻絕石虎橫越馬路，並在圍網上方設計倒鉤，加深翻越的難度，以導引網引導石虎改道從隧道出口300公尺處的地下箱涵、溪溝或火炎山明隧道的上方，安全橫越馬路，到大安溪去取水。」古明弘分析：「至於第二個熱區：卓蘭段奉天宮前後區段（台3線以西），由於屬開放型的果園，農民每日都要進出通行，無法長距離設置圍網，因此要設法減少車行道路旁茂密的植被、圍籬，不要讓這些設施成為阻礙石虎看見車輛通行的障礙。」「防路殺」道路設計重點在於：將兩側的連續植栽帶截斷、做出開口，加大道路中央分隔島的缺口範圍，與植栽帶的開口對應，讓植栽帶成為緩衝區，增加石虎在穿越公路前可提早發現車輛，增加反應時間與安全穿越公路的機會。

為提醒駕駛人行經高風險路段減速慢行，則在石虎熱區增設區間測速照相設施，並於中央分隔島缺口前2、30公尺前端增設減速跳動路面，車輛行經時會發出震動及噪音，一則提醒用路人減速、避免高速行進時看到動物反應不及，影響行車安全；二來希望車輛發出巨大的震動、噪音經由路面傳導，能讓石虎心生警覺有車輛靠近，暫緩腳步、伺機而動，避免在馬路上和車輛「強碰」，再釀路殺悲劇。

用道路設計引導石虎「過馬路」

「以前預算編擬都是以『人』與『車』為主體，沒有生物的考量；

然而時代在進步，在人類可以作為的範圍內，應該為環境永續盡力。」

「我們畢竟不是石虎，只能盡量設身處地盡量做。」古明弘苦笑：「很多外地遊客民眾說，挖個洞、架座天橋就好啦，問題是野生動物不懂停看聽、更不能企圖『教育』、『改變』牠的行為作息，只能誘引、導引牠往安全的方向走，希望牠走著走著覺得安全了，進而自然改變習慣。」

這是苗栗縣第一次推行結合生物保育思維的道路改善工程，第一次集合縣府工務處、農業處、警察局、特有生物研究保育中心，以及三義、卓蘭、苑裡鄉鎮公所多方專家學者和相關單位，合力為道路改善與石虎保育構思對策。

讓野生動物穿越的「綠色通道」在國外行之有年，種類包括：地下通道、涵洞、繩索橋、高架橋、魚梯，以及主要用於大型動物使用的立交橋等等，聖誕島有「螃蟹橋」、日本有「烏龜隧道」、華盛頓有「松鼠橋」、澳洲有「乳牛地下通道」等，如今苗栗也有「石虎友善通道」了。完工至今已展現初步成效：109 年石虎路殺

防石虎路殺的關鍵重點在於「避免石虎橫越馬路」，以及「降低車速」，因此在道路設計上施做動物防護網引導繞道，加大分隔島缺口作緩衝區，或是設置車輛測速照相與減速路面等。

記錄共 5 起，較之 108 年的 31 起、107 年 13 起、106 年 14 起（臺灣動物路死觀察網），雖仍不完美，但已是令人振奮的訊息。「苗栗經驗一旦成功，對於希望『幫動物（蛇、烏龜、陸蟹等）安全過馬路』的其他地區來說，會是很重要的參考案例；也提供我們未來進行道路設計改善一個明確的方向，朝『人與自然共生』的目標再進一步。」古明弘說。

苑裡、三義、卓蘭 聚落走踏

期望 140 線打造給石虎安全回家的路之外，它也乘載著在地居民宜居的期盼，路段由西而東行經苗栗南端三大鄉鎮：苑裡、三義、卓蘭，串起小鎮風情。

苑裡是苗栗的糧倉，來這裡，吃米、玩米就對了！苑裡的有機稻場用插秧、割稻 DIY 的方式，吸引民眾用最自然的方式親近土地、愛護環境，在揮汗體驗農作辛勞之後，記得嚐嚐割稻飯、米便當，體驗質樸自然的農家美味。另一頭的山腳社區近年因藺草和紅磚兩大古老產業夯翻天，藺草結合新世代的文化創意，化為具時尚感的手提袋及衣帽等時髦配飾，一路紅到國外去。金良興磚廠則有苗栗縣最早的隧道窯場，館方利用磚塊作雛型，刻畫出不同的作品，其中桐花意象結合紅磚，硬梆梆的紅磚彷若也有了詩般的溫度。

三義位於火炎山下，以木雕產業與道地客家美食著稱，木雕博物館、木雕街是一窺三義木雕歷史與多家風格的必訪之處。往鎮外走，勝興車站、

苗栗生態友善道路經驗一旦成功，提供未來道路設計改善朝「人與自然共生」的方向再進一步。

龍騰斷橋是三義鄉公所、臺鐵舊山線最富盛名的遺址地標。

龍騰斷橋各具風情,是最受歡迎的鐵道漫行路線。尤其巍峨聳立的龍騰斷橋,又稱「魚藤坪斷橋」,是舊山線最具代表性的鐵道遺址。這座僅以紅磚及花崗石塊為材料,利用石灰黏結而成的斷橋,屢遭強震豪雨侵襲卻能屹立至今,高超的施工水準已是臺灣鐵路建築歷史的經典,無怪乎當年曾被譽為「臺灣鐵路藝術極品」。

「水果王國」卓蘭以水梨、葡萄、楊桃、柑橘四大品項馳名,為了提升自家產品辨識度,農會自創「水果師」品牌獨樹一幟。夏、冬兩收的巨峰葡萄個頭雖小,甜度超高;山梨、寄接梨(新興、豐水、秋水)清甜爽脆;9月上旬至翌年4月上旬採收的軟枝二林種及蜜絲種楊桃豐潤飽滿脆甜,具順氣潤肺之效;冬季大出的椪柑、海梨、桶柑、柳丁、茂谷等各類柑橘滿山遍野結實纍纍,別人是「花海」,卓蘭是「果海」。摘完吃完水果,沿著農路到花露休閒農場,繡球花、油桐、海芋、薰衣草、向日葵、玫瑰、聖誕紅等花卉,跟水果一樣隨著季節輪番上場,無論何時前來,美景絕不辜負。

浪漫台 3 線

桃園 · 新竹 · 苗栗 · 臺中

桃園
Taoyuan

新竹
Hsinchu

苗栗
Miaoli

臺中
Taichung

攝影／陳應欽

融入地方特色與文化的景觀大道
走進內山，看見客家生活 style

風景公路　# 繁榮創生　# 有感設計

「浪漫台3線」從桃園大溪到臺中東勢全長 150 公里，是全臺客庄密度最高的跨縣市客家文化廊道。為增加遊憩深度與豐富性，帶動地方觀光，在改善道路品質的同時，更依據在地不同特色，整合美化公路周邊景點，讓公路不只是公路，也是承載客庄人文之美與觀光效益的景觀大道。

文字／鍾文萍　攝影／楊智仁　部分照片提供／復興工務段、新竹工務段、苗栗工務段、新竹縣政府工務處

　　台3線起自臺北市，與台1線以行政院大門為共線起點，走忠孝西路往西，過臺北車站，於北門分道揚鑣。台1線被視為連結臺灣北、中、南各大主要城市的「官道」、「工業大道」，取道新莊、三重出臺北盆地，沿著人口稠密的西部平原暢行而去。

　　台3線則被定位為「農業之道」，路徑雖大致與台1線並行，走的卻是相對蜿蜒崎嶇的山路：從華江橋出臺北市，穿過板橋、三峽接上新北、桃園市界，轉進中央山脈以西、高山與平原交界的淺山區，在山、河、溪、湖間彎繞前進，直至終點屏東，總長435.608公里，僅次於台1、台9線；歷代工程人逢山開路、遇水架橋，全線橋梁多達282座，僅次於台61線。

　　道路蜿蜒綿長，沿著山體的曲線，起伏貼地伸展，從空中俯瞰，台3線宛若一條銀白絲絹，在層巒疊嶂的眾山間迤邐繾綣。這正是台3線有別於其他道路最大的特色，不在橋多路長，而在於它特殊的地形與地理位置。

10 年築路　串聯 10 大客庄

台 3 線沿線地形多丘陵、台地。清代末期施行開山撫番政策，設置隘勇線，為平埔族與漢人的生活範圍劃下明確分界以避免衝突，各路段都開闢了規模不一的簡易聯絡道，用以運輸茶葉及樟腦等經濟作物。日治時期，日本政府以隘勇線為基礎，闢出數條軍用道路，以防縱貫路（現台 1 線）萬一遭到盟軍轟炸毀壞時，可接替做為南北交通幹道，使島內物資運補不致中斷。從清朝到日治，渡海來臺的北部客家先民沿山開墾，沿線遍佈客家聚落，更構成一條臺灣最大客家族群聚居的「客庄之路」。

早期臺灣公路只有約定俗成的路名，民國 51 年，交通主管機關為了方便管理，首次將各鄉鎮零星分散的道路進行整併與編號，當時台 3 線分成北線（臺北市行政院—嘉義縣中埔鄉渼水）與南線（臺南市楠西區密枝—屏東市）。67 年納入嘉義至臺

台 3 線將臺灣西部內陸丘陵及山區路段串連起來，又有「內山縱貫公路」之稱。（攝影／陳應欽）

南的濃密戰道，台３線南北線整編合併，成為北起臺北、南迄屏東的「西部第二縱貫公路」，由於公路將臺灣西部內陸丘陵及山區路段串連起來，因此又有「內山縱貫公路」之稱。

73年為了促進山區偏遠鄉鎮的經濟，行政院通過台３線拓寬案，列入「十四項建設計畫」中的公路擴展計畫，山區道路至少維持雙車道，平原與丘陵道路則拓寬為四線車道。77年因應台１線交通已趨飽和，公路總局推動五年計畫，加強台３線道路拓寬工程。從67年至77年，長達十年的台３線築路史，幾乎是桃竹苗客庄地區經濟產業發展的縮影。

台３線貫穿臺灣西部12縣市山區鄉鎮市；「浪漫台３線」則是桃園大溪到臺中東勢全長150公里、全臺客庄密度最高的跨縣市客家文化廊道。政府推動以「復興客家文化、帶動客庄經濟」為核心概念，串連沿線大溪、龍潭、關西、橫山、竹東、北埔、峨嵋、卓蘭、獅潭、大湖10個客家鄉鎮，有自然、有歷史、有故事、有產業，一鄉一鎮，都是風景無限。

為增加遊憩深度與豐富性，帶動地方觀光，公路總局第一區養護工程處復興工務段、新竹工務段與第二區養護工程處苗栗工務段，經過全面性的整合規劃，在「浪漫台３線之省道路段品質提升計畫」工程中融入生活與設計思維，意即在改善道路品質的同時，各自依據在地不同特色，整合美化公路周邊景點景觀，讓公路不只是公路，也是承載客庄人文之美與觀光效益的景觀大道；吸引大小客車與自行車、重型機車川流不息，跟著路徑的導引，體驗臺灣西部山區這段隱身於百年歷史長河中、美麗深邃的綠林曠野。

浪漫第一章
復興工務段：減法美學

　　復興工務段的浪漫台 3 線道路工程轄區橫跨新北市及桃園市，北起新北市三峽區（31K），行經大溪，南迄桃園市龍潭區（55K+500），以及台 3 乙線（3K ～ 7K）。復興工務段前段長許南雄曾形容：「復興工務段的轄區景觀偏綠色，就是最大的特色！」現任段長范又升說，復興工務段的「綠色精神」在台 3 線公路改善工程上依然淋漓展現。

低灌木高樟樹　營造錯落層次

　　台 3 線大溪段起點位於 31K，即三峽與大溪交界處，為新北市進入桃園市銜接路段。兩側隙地楓香、喬木長年自然叢生，植栽雜亂，部分擋土牆也已出現混凝土面裸露狀況。復興工務段移除部分成長不良的灌木，改種生長性強健、少落葉的常綠小型灌木雪茄花，搭配耐陰性的姑婆芋，共 4 萬多株，營造明亮盎然的高低層次感。范又升認為，台 3 線是許多鐵馬、重機族群的旅遊勝地，但這段山路位於幅度較大的下坡彎道，視線角度小，道路視野死角多，為行車安全考量；工務段在不影響收集路面排水效能與通水斷面面積的前提下，將明溝加蓋，並且改種透視性較佳的草皮及雪茄花，讓這段路廊綠意不減，用路更安全。

復興工務段段長范又升。

整排的樟樹與隙地上的姑婆芋，綠色視野對於用路人來說相當舒適。

大溪因有大料崁溪流經,曾是國際貿易通商的重要轉運港口之一,
橫跨溪上的武嶺橋是對外重要聯絡道。

33K+000 ～ 36K+000 路段為台 3 線著名的樟樹大道,原本樹與樹之間設有枕木花台連接,先將有礙樹種生長的人工花台移除,空出的隙地空間則改種蔓花生,這種邊坡植物不易生雜草、地被效果佳,具有防止地表沖蝕及淺層崩塌的效益。

同時,留給每棵樟樹寬廣的自由生長空間,讓彼此根系枝葉不會交叉重疊,樹冠間保持一定間距,有益樹種健康與植栽景觀整齊清爽。至於 36K+490 ～ 36K+950 左側 454.4 公尺的人行步道及邊坡也進行綠美化改善,藉由兩側複層植栽,強化景觀縱深,讓公路景觀愈發豐富有層次。

以近自然手法 重塑公路美景

坐擁大漢溪內河航運地利的大溪,

是台 3 線北段最重要的產業聚落與觀光重鎮,矗立大漢溪上的武嶺橋為雙向四線 19 跨預力 I 型梁橋,自 83 年完工通車以來便取代河道,成為大溪對外首要聯絡道。而橋梁安全設施與周邊環境的維護改善,便攸關在地居民生活品質與外地遊客觀感。

武嶺橋為東西向,每年到秋冬時節東北季風大作,大漢溪下游海風襲

大溪老街街屋是當年河運繁華的見證。

武嶺橋面護欄換裝為透明式擋風牆,可降低陣風影響、維持行車視野通透。

55K 關西取水口以客庄的紅磚石磨意象來塑造。

來,在橋上形成強勁側風,常導致往桃園方向行駛的機車騎士行車不穩、路線偏移,甚至跌往汽車道,怵目驚心。為免發生危險意外,工務段將往桃園方向的護欄換裝為整面透明式擋風牆,以降低陣風影響並維持行車視野通透,保障騎士安全。橋頭慈康陸橋到月眉觀音寺的人行步道因年久未修、鋪面不平,加上緊鄰山壁的擋土牆滲水,造成路面濕滑,長者與幼兒行經時險象環生,也進行人行道鋪面改善,搭配擋土牆美化,同步提升行人安全與整體視覺景觀。

范又升指出,以前的工程思維是「多做一點」、「愈多愈好」,現今則在「與自然環境共存」的創新理念下,工程團隊力行「減法美學」,儘量將公路附屬設施物減量。

像是 44K 龍潭中興路段將原有電纜地下化,讓蔚藍天際線重現,周邊知名景點三坑老街街口的景觀頓時變得開闊清爽。原本 55K 關西取水口與道路間缺乏緩衝,行駛車輛與取水民眾常未能保持安全距離,因此將取水口位置往內遷移,兼顧民眾生活需求與安全考量,同時將瀝青地坪改以植草磚鋪面增加保水層,既有出水口造景則以客庄的紅磚石磨意象來塑造,並設置座椅,提供取水民眾及單車騎士停駐、休憩賞景空間。「用近自然、低維管、綠建材手法重塑公路美景,使公路恢復最自然的樸實樣貌,這是公路工程團隊新時代的新使命。」

> 現今在「與自然環境共存」的新使命下,工程團隊力行「減法美學」,重塑公路樸實景觀。

浪漫第二章
新竹工務段：山水相逢

　　離開龍潭續行南下進入銅鑼圈，分成台 3 線、台 3 乙線，後者可銜接龍潭石園路一探現下最夯的景點落羽松大道，也可接回三坑老街，或直行走台 4 線前往大溪老街，或循台 7 線往慈湖風景區。取台 3 線一路往南，進入新竹工務段管養轄區新竹縣境內淺山省道路段（55K+154 ～ 93K+091）：通過關西鎮、橫山鄉、竹東鎮、北埔鄉、峨眉鄉等新竹縣最重要的客家歷史聚落，台 3 線貫穿其中，有如一條串起山中珍珠的絲線，也像是這片客家群落各種資源流動的生命動脈，一寸一步，牽動著山區偏鄉的產業發展。

種家鄉樹　認家鄉路

　　公路總局 108 年舉辦「臺灣十大景觀公路」票選活動，無論結果名次如何，都象徵「功能、景觀、設計、美學」已是當代道路工程新顯學：道路與周邊景觀環境的契合度、空間美感、功能效益、溝通整合、技術知識，內涵規劃設計、執行手法與運用展現，無一不是重點。

台 3 線匯聚新竹縣重要的客家歷史聚落。圖為新竹北埔老街范姜古厝。

109 年 3 月初舉辦的國際自由車環台公路大賽，選手在修繕完成的公路上如風奔馳。

新竹工務段台 3 線轄區北起關西（55K+154）至最南峨眉（93K+091），涵蓋新竹縣境內達 38 公里，是浪漫台 3 線道路工程長度最長的一段。新竹工務段副段長范淑娟表示：「以前道路養護很簡單，路基、路面、水溝做好就好了，近幾年公路建設的做法隨著環保、綠化觀念普及而轉變，有時甚至縮減路幅，增加綠帶、綠廊或人行道、自行車道等附屬設施，讓公路使用更多元，這是公路建設的演化史，也是新竹工務段浪漫台 3 線道路改善工程的主要精神。」

走讀新竹工務段台 3 線養護路段，會發現每個鄉鎮道路各有不同樹種，每片隙地都有特色植栽。「我們會事先調查當地是否有縣樹、鄉樹、鄉花，以種植代表地區的植物來提高辨識度，爭取在地居民的認同與對家鄉的榮耀感，外地遊客也能藉由植物來辨識地方特色。」許多男性工程人員對綠美化興趣缺缺，一者因為園藝與工程所學專業關聯不大，有人則認為「拈花惹草」是女性專長，范淑娟與工程司江秀蓉二話不說攬下綠美化工作，並從頭學起，長年下來，兩人都成了新竹工務段的園藝造景專家。

關西出生、橫山長大的范淑娟對家鄉植物如數家珍。「每一個鄉鎮路段都有代表性的在地樹種，峨眉鄉是大花紫薇，橫山鄉是阿勃勒，關西則是苦楝。」銜接鄉鎮的路段綠美化則因

新竹工務段副段長范淑娟。

連路邊隙地、荒地、圍牆都一併納入工程養護範圍，開拓道路多元向度服務功能。

應地質與人文特色，配合地方具代表性或客家文化象徵的「客家五花」為主軸：桂花、玉蘭、夜合、含笑、樹蘭，花顏樸實淡雅、適地力強韌，一年四季輪番綻放，宛如一首首獻給台3線用路人的大地情詩。

雞婆認養路邊隙地
開拓多元向度

客家諺語常用「好貓管三家」來形容熱心多事者，范淑娟笑說新竹工務段在台3線也「管很寬」，除了致力路面改善、提升道路品質與行車安全之外，連路邊隙地、荒地、圍牆等閒置空間都想認養，一併納入工程養護範圍，開拓道路多元向度服務功能。

位於69.4K九讚頭及合興之間，有一段與內灣線鐵道平行，長約4、500公尺的帶狀隙地，早年臺鐵為了營造櫻花鐵道風情，曾在沿線種下櫻花和青楓，可惜後來湮沒在雜草間，甚至被村民拿來種植蔬菜水果，農具器材、肥料農藥四處散落，雜亂無章。103年公路總局推動「點點珍珠·串起10年亮點」計畫，新竹工務段率先試辦，主動跨域向鐵路局承租這片隙地，拆除違建物，與私有地地主協商無償使用，自己測量、設計、放樣、土地分割，展開整體重塑綠化大計。

范淑娟回憶，當年同仁以「適地適種」的概念，將原本種植在台1線楓香大道上、健康狀態欠佳的龍柏移植到隙地栽種，不必與楓香樹爭地生長、又能享受山線全日照的龍柏，果然從此頭好壯壯、枝葉崢嶸。其他重點措施還包括：在交通節點和景點路口分隔島，栽植橫山在地、客家、原生植栽，營造「橫山迎賓」效果；將候車亭的外觀美化、廣告招牌移除或減量、指示牌誌集中設置，路側電線桿積極協調管線單位遷移及下地作業，淨空天際線，用十年光陰，一點一滴恢復山城原有的美好風貌。

工程留住四季 吸引超商進場

接著在前副處長王韻瑾的帶領下打造「雨花園」。新竹工務段拆除既有

人行道，將人行動線整併連結至雨花園內部，以增加道路透水面積。造型方面，呼應內灣線合興車站「愛情火車站」氛圍，雨花園以野薑花、紅芽石楠、內茭子等植物環繞鵝卵石，打造成「雙心」造型花圃，周邊加種櫻花樹、宮粉仙丹、樹蘭、月桃、木槿等花卉環繞，不施農藥，讓蜜蜂、蝴蝶都回來，前方候車亭則以橫山柑橘圖案裝飾，繽紛可愛。

當工程完工，春天粉嫩的櫻花、翠綠龍柏和秋天翻紅的青楓形成季節景觀鐵三角，吸引龍頭超商在雨花園對街開設以櫻花火車為主題的特色門市，單車重機騎士、自駕遊者甚至馬拉松跑者，走過路過台3線新竹路段，都忍不住為眼前美景停留，非到超商二樓觀景平台眺望對街的雨花園和火車，喝杯咖啡、打個卡，才算不虛此行。美景難得，養護道路的工作更顯重要，除了定期監督除草，也結合新竹縣橫山社區發展協會舉辦「浪漫台3線淨街趣」活動，由環保志工組成「割草大隊」，沿公路周邊社區割草、撿垃圾，讓美景永續。

透過前瞻基礎建設「浪漫台3線之省道路段品質提升計畫」，新竹工務段再接再厲，將56.1K原槽化線空間改為綠帶及雨花園設計，基地搭配石材、植栽，創造簡約風格；88.9K進行擋土牆綠化、隙地整理，生硬的混凝土牆面改掛網種植雲南黃馨、小

公路旁的櫻花、火車經典景觀，重現橫山山城美好風貌。

自然地融入客家元素，彷彿它們原本就是台3線的一部分，讓行經的旅客都忍不住流連欣賞。

矮牆種植薜荔、紫花馬櫻丹，以植生柔化牆面。同時聯繫上位於 70K ～ 72K 的亞洲水泥廠，成功說服廠方提供路側圍牆空間，大筆一揮，將原本灰撲撲的水泥圍牆刷成一整片亮彩飽滿的美麗湛藍，再綴上飛雪般的朵朵桐花，超美、超吸睛！

「以前公路工程是各人自掃門前雪，把眼皮底下的事做好就好，現在是要多方協力、齊心付出，眾人共好才是真好。」無論是雪白桐花還是淡紫色的苦楝，在范淑娟眼中都代表客庄之美，「以自然、不刻意的方式，融入客家元素、創造新亮點，彷彿它們原本就是台 3 線道路的一部分；希望行經的旅客都能看見，每個路段都

有值得駐足欣賞的風景、都有值得感受回味的在地故事。」

提升道路景觀 形塑友善氛圍

台 3 線新竹段行經關西、橫山、竹東、北埔、峨眉，景點密集，每到假日人車眾多；為加強山區道路安全，呈現自然山林美感與景觀特質，新竹工務段將既有老舊破損護欄及邊溝等設施進行改善更換，去除紐澤西護欄、邊溝，改採透空性及路面排水俱佳的新式護欄。

只是客家聚落以刻苦勤儉風氣至上，居民看到紐澤西護欄看起來明堪用卻敲掉重做，難免心生質疑。其實台 3 線新竹段在 83 ～ 84 年間完

創造綠帶、妝點牆面，以及淨空天際線、運用雨花園保存雨水逕流，都是新竹工務段用心在台 3 線道路旁創造的亮點。

成拓寬後便鮮少更新設施，20多年以來，各項功能多所磨損，為安全起見，有必要汰舊換新。以RC水泥紐澤西護欄為例，受到連年道路持續加封回鋪影響，原有護欄顯得相對低矮，有些路段護欄高度甚至不足80公分，不符道路護欄必須高85公分的標準，安全功能性已經明顯不足。

范淑娟強調，台3線同時也是環島自行車路網路段，公路對自行車騎乘安全性及友善性至關重要，因此設立多處停駐站供車友休憩，在急彎路段及所有橋梁護欄全面提高至1.4公尺，強化自行車、機慢車、重機車騎乘安全。像是位於89K的峨眉湖，又稱大埔水庫，兼具蓄水、灌溉、防洪、賞景等多功能，是遊客聚集的停駐重點，工務段著手整理公路旁隙地，甚至協助湖畔私人用地綠美化以營造整體景觀，設置景觀護欄、石板鋪面、塊石座椅、解說牌，以喬木、灌木、草皮植栽配合透鋪面磚規劃步道，營造溪畔悠閒賞景停駐空間。

「工程團隊會先用黑網覆蓋隙地，避免雜草繼續長出，再鋪細沙『養地』種植植栽，最近缺水乾旱，也會派水車澆灌。」在峨眉湖一路之隔經營貨櫃咖啡屋的業者細細觀察施工好幾個月，「整體環境營造有到位。大花紫薇夏季開花時，從早到晚都有遊客來峨眉湖畔拍照、散步、看風景，人潮變多，連帶周邊餐館、咖啡屋生意也跟著變好了。」他開心笑了：「這樣很好。承蒙你，恁仔細！」

峨嵋湖上的細茅埔吊橋可盡覽湖光山色。

改善公路急轉彎護欄、整理峨眉湖畔隙地，停留的人多了，地方的人也開心了。

浪漫第三章

苗栗工務段：以人為本

　　「公路人」對轄區路線一草一木瞭若指掌，腦海中彷彿內建了一張公路 K 數（里程數）即時地圖，「會面點」一定不是什麼商店、加油站，而是公路「幾 K」、「幾 K」。於是，復興工務段的採訪就約在台 3 線工程起點 31K（四面佛）、新竹工務段 89K（峨眉湖），苗栗工務段也不例外，約在 103K。苗栗工務段段長陳禎康十分自豪，103K 這片路邊隙地面積寬闊，為台 3 線往來車輛常用來暫停、避車的重要節點，原本荒煙蔓草，苗栗工務段種植植栽提供色彩變化的視覺序列，塑造隙地地景，如今已是台 3 線苗栗段眾多用路人停車小憩的熱點。

重機天堂 力求平整、安全

　　台 3 線苗栗段工程範圍北起頭份（93K+091），南至卓蘭（149K+532），中間行經三灣、南庄、獅潭、大湖，全長約 57 公里，路段的特點是路幅寬廣、多彎道、交通號誌少、平日車少人稀，不只是鐵馬騎士喜歡用來挑戰體能，也被重型機車車友視為極富刺激感與挑戰性的「重機天堂」。

　　「因此台 3 線苗栗段首要考量的施作重點，是提供用路人一條平整、舒適、安全的道路，進而在道路各個重要節點，利用公路附屬設施，將各鄉鎮特色表現出來。」陳禎康表示，轉爐石是鋼鐵業的副產物，比重、硬度大於一般天然碎石，具備強度高、耐磨耗特性，使用於瀝青混凝土當骨材，承載力、抗滑性

即使是非假日，台 3 線苗栗段依然常見重機車隊出沒。

俱佳，抗車轍能力強。台3線苗栗段使用於路面鋪築49.5公里長，除了落實循環經濟，風吹或車輛行經時不易揚塵，相對較能確保行車視線安全無礙。

為兼顧路容景觀及行車舒適性，移除孔蓋、電桿及管線下地都成為必要，各管線是提供民生需求的重要基礎設施，不能說斷就斷。「公共管線整合牽涉甚廣，需和台電、自來水公司、電信業者、鄉鎮市公所等眾多單位協調配合，施工難度最高、挑戰也最大。」為使工程順利進行，苗栗工務段積極進行橫向溝通，多次召開管線協調會議及現場會勘，總計電桿減量46桿（5.7公里），孔蓋下地1,200個，頗見績效。

聆聽社區需求
從人為施工到為人施工

傳統公路人的任務很單純，就是造橋鋪路，「浪漫台3線之省道路段品質提升計畫」則要求舉凡工程施作、景觀養護，都要將在地特色、生態旅遊、環境永續的概念考量進去。苗栗工務段因此有了首度走入地方社區訪談、親身踏查台3線人文歷史的寶貴經驗。

苗栗工務段段長陳禎康。

台3線苗栗段鋪面使用了鋼鐵業副料轉爐石，更耐重防滑。圖中的三灣路段更獲選為「台灣十大最美景觀公路」之一。

> 台3線苗栗段工程的首要考量，是提供用路人一條平整、安全的道路，再利用公路附屬設施表現各鄉鎮特色。

苗栗獅潭百壽村賽夏族部落，還保存著日治時期至今的糯米橋。

「台3線苗栗縣境內多沿著丘陵溪谷興建，南北蜿蜒，隨著社會發展，歷經多次拓建，許多史蹟至今還留存於台3線上。」工程團隊驚喜發現，108K百壽村賽夏族部落還保存早期日治時期至今、臺灣唯一同時存在的四代橋梁，依年代順序分別是：盛興橋、紙湖二代橋、紙湖三代橋、百壽橋，證明這個遊客罕至的賽夏族部落及客家庄，其實是臺灣公路交通建設的極佳見證。

融入人文情懷的工程施作，從此更有溫度。山區道路沿線住戶多為老弱婦孺，不是家家戶戶都有交通工具，許多民眾得仰賴公車買菜、看病、購物，安全舒適的停等空間，是日常生活所需。苗栗工務段調查發現，三灣路段沿途有多處候車亭已經老舊破損或廢棄，一處有4棵莿桐老樹圍繞的老候車亭（111K+300）不僅維持候車功能，也是居民公告訊息或是聚集連繫的中心點，因此優先辦理改善，以在地特色遊憩點貓頭鷹生態休閒農場為意象，運用抿石子方式美化，周邊搭配射干、桔梗蘭、麥門冬及白花三葉草等在地植物，營造多彩道路景觀。117K+800的候車亭則座落竹林之中，周邊綠意宜人，可惜斑駁老舊且缺乏特色；團隊以客家藍衫美化外觀，並在面對山景的側面開窗，以供賞景。融入台3線在地傳統建築語彙的「藍衫候車亭」深得人心，有些

聚落居民索性把家裡信箱搬到候車亭內，等車順便收信，也算一舉兩得。

112.5K 的富山茶廠前有棵百年茄苳樹，像動畫《龍貓》棲居的大樹一樣，有碩大的樹幹和遮去烈日的茂密枝葉，山風一來，樹葉便沙沙作響。老樹從外地移植而來，原有兩棵並列，多年前道路拓寬時不得不移除其一，卻從此不知所蹤，獨剩一棵讓人分外珍惜。團隊將樹旁的隙地整理美化，成了綠意盎然的公路小花園，樹下擺上供人休憩的石桌椅，並用當地盛產的竹子修繕出一座小巧精緻的農具室，後來蛻變成假日咖啡館，成了自駕遊客和單車車隊休憩打卡的新亮點。

百年茄冬樹下，蛻變成好乘涼的新景點。

重新設計的貓頭鷹候車亭成打卡景點，擋土牆鑲嵌了在地蠶絲農場圖騰，兼具路標功能。

「公路總局的主要任務在於提升道路品質，而道路與地方生活緊密相連，因此團隊不僅要營造公路景觀，也致力在各路段融入地方特色，期盼提升社區環境品質，帶動產業和文化發展。」無論何時來到台3線，總會看見蔥鬱的山、潺潺的溪、波光粼粼的湖泊與埤塘、以及綿延公路旁各工務段團隊勤於維養的忙碌身影。

　　「一個人的旅行，浪漫爽快。行快行慢，我的 tempo 自己來。」人在台3線，那首像風一樣輕俏的〈內山公路〉總在腦海中迴旋不去：「帶有一點泥味的空氣，會在心裡回甘。」

浪漫外一章
縣道 120 線：
丘陵水岸公路

縣道 120 線北側銜接國 3 竹林交流道，為芎林鄉進出國道 3 號的門戶，南端接上台 3 線至橫山、尖石等客庄、原民聚落觀光區，為橫貫新竹縣北端重要的交通運輸道路。

新竹縣政府工務處處長林鶴斯表示，120 線雖非台 3 線主線，但與台 3 線直接銜接，且行經多處客家庄，受限於山區地形以及城鄉發展限制，多段道路瀝青鋪面老舊不平整，周邊設施損壞未修復，對用路人安全造成威脅；道路沿線電桿林立，兩側欠缺植栽綠化，「而且部分道路明明緊鄰大肚溪、王爺坑溪，卻完全感受不到優美的溪流景觀，實在可惜。」因此向中央提報競爭型計畫，與「浪漫台 3 線推動計畫」結合，延續及擴大客庄浪漫大道的範圍，延伸公路旅行的足跡，讓用路人體驗跨越路界、縣界的客庄山水、人文風情。

計畫路段為 120 線 12K+100 ～ 18K+000，西起與 123 線（文衡路）交會路口，東至與台 3 線連接處，全長 5.9 公里，主要範圍位於芎林鄉富林路，末端 500 公尺橫山鄉路段與台 3 線串聯。藉由路面品質改善、兩側管線及電桿下地，補強植栽，結合周邊社區風貌與溪流景觀，將一條原本毫無景觀特色的普通縣道，改造成交通順暢、景觀宜人的林蔭大道。

縣道 120 線道路改善工程將一條普通縣道改造成交通順暢、風景宜人的旅行大道。

「景觀改造」說來容易，但可不是種種綠樹就好，工程範圍上天下地。清除雜草、違建障礙物、路面清潔是基本工事，在道路斷面配置調整上，將原本單調不美觀的紐澤西護欄改設中央分隔帶增加寬度進行綠化植栽，增設收納設施（收納路燈桿、標誌號誌桿及變電箱）；道路銑刨加封，提升道路平整度；路燈標誌號誌共桿設計，沿線的電箱從道路外側移至中央分

改道完成的 120 線，將可更順暢的通往內灣風景區。

把路燈桿、標誌號誌桿與電箱通通收納進中央分隔島，
道路視覺頓時清爽了。

隔島，解決馬路桿件電箱林立導致景觀雜亂以及交通指示資訊不易辨識的問題，整條馬路也將更為清爽。

在綠廊植栽的選擇上，呼應浪漫台3線的紫色基調，郊山鄉村路段以紫、黃、紅、綠花色四季混搭，近山生態區路段以紫、粉紅、白、綠花色四季混搭。再進一步，連天空景觀都要美化，最具體的作為就是「淨空天際線」，將電桿與纜線地下化，既恢復公路視覺美觀，也能免於風災時桿線傾倒影響行車安全。

未來沿 120 線前往飛鳳山、鄧雨賢音樂紀念園區、永興農村再生計畫區或內灣風景區，不僅行車順暢，還有藍色水岸、豐富植栽一路相伴。林鶴斯充滿信心：「浪漫美好的旅行，就從踏上公路那一刻開始！」

Chapter 2

中區生活圈

臺中・南投・彰化

臺中 | 賞螢觀花　農產好行

南投 | 為觀光開路　小鎮引客入勝

彰化 | 連貫車西紓車流　點亮古蹟迷夜色

臺中

繁榮創生

臺中東勢、新社 富麗山城
賞螢觀花 農產好行

鄉道中 46 線通往盛產水果的東勢軟埤坑休閒農業區，中 99 線則位於以寬
廣庭園餐廳及花海節聞名的新社，都是當地農產與觀光運輸的交通命脈，在
前瞻計畫經費的挹注下終於能全面性徹底改善路況，讓山區道路更安全。

文字／李政青　攝影／林穎成、盧春宇　部分照片提供／臺中市政府建設局養護工程處

中 46 線
山路彎彎，通往秀麗山水與農園

車行在鄉道中 46 線是個難忘的體驗，在 13 公里的 O 形路線中，前半段還能愜意欣賞軟埤坑的好山好水、果園、農場、露營地，轉了幾次髮夾彎、連續彎，在僅有 3 公尺寬的道路上進退維谷會了幾次車之後，整個人都暈了，滿腦子倒數還有多久才能下山。狹小又彎曲的道路，坐車走一趟都不容易，要是遇到道路施工時更是困難重重。

「軟埤」名副其實 產果生態豐

軟埤坑位在東勢南端，與和平鄉為鄰，這個特別的名字傳神記錄了此地長年不斷的天災。客家人稱溪為「坑」，這裡有一條軟埤坑溪，當年客家先民為了引水灌溉，搬石頭堆砌埤塘，但大雨帶來的洪水屢屢將埤塘沖刷摧毀，大家只好不斷毀了再蓋，還戲稱這些遇到大水便如豆腐般脆弱的埤塘為「軟埤」。

當地慶福里 13 鄰鄰長池清輝印象最深的是民國 93 年七二水災，敏督利颱風帶來的豪大雨沖毀周遭鄉鎮許多路基堤防，

東勢

大茅埔

軟埤坑

他所經營的情人谷果園剛好位在河床旁邊，水勢湍急帶走大量泥沙，使得河床驟降4公尺，後面整片駁坎岌岌可危，眼看再不處理即將崩塌。但當時災情太多，政府無暇兼顧，他乾脆自己花150萬找來挖土機清淤，又做了四個護床工，成功守住家園。

軟埤坑的居民大多務農，先民開墾時主要是種植水稻、五穀雜糧，近20年則以水果耕種為大宗，農民多半為甜桃、楊桃、柿子、高接梨輪種，

以慶福里為例，山坡地農牧就佔了社區61.76%的面積。此處地形多變，有高山、平地、溪澗，生態豐富，各種昆蟲、魚類、鳥類、爬蟲類等棲息其中。九二一地震後，政府將軟埤坑編定為農村聚落重建社區，社區居民看到自身生態環境的潛力，決定朝休閒農業發展。

為了打造吸引遊客的亮點，當地居民決心復育螢火蟲，農民們還配合以無毒栽培生產作物，保護螢火蟲棲

中46線將軟埤坑的景點、果園、農場及民宿串連起來，促進在地發展休閒農業。

軟埤坑全年盛產水果，每年 4、5 月還可欣賞螢火蟲生態，吸引許多遊客造訪。
（提供／臺中市東勢區軟埤坑休閒產業發展協會）

中 46 線多年來不是沒有修繕，但總礙於經費有限只能局部改善，這次前瞻計畫終於可以一次將 13 公里的道路徹底整修。

地。「螢火蟲喜歡生長在有雜草的地方，所以我們盡量不噴除草劑，用較為精緻的農業去栽培作物。」池清輝解釋。現在每年 4、5 月軟埤坑都會舉辦盛大的賞螢活動，吸引眾多遊客前來欣賞螢火蟲滿天飛舞的美景。

經費到位
徹底整修產業交通要道

中 46 線又稱慶福街，剛好在軟埤坑上上下下繞一圈，將當地眾多景點、果園、農場、民宿、露營地串連起來。慶福里里長林金泉回憶，「這裡本來是產業道路，蓋好大概快 40 年了吧。」這條道路一年四季運銷枇杷、梨子、甜柿、柑橘等各式農產，供應整個市場產業鏈。而每年 4 月的賞螢人潮不斷，鄰近民宿也以此路為出入要道。

儘管這條道路是當地的交通命脈，

但由於農產運輸機具及大型觀光遊覽車輛使用頻繁，遇到大雨風災又容易有土石流、落石、上下邊坡崩塌等災害，長年飽受路況不佳之苦，用路人邊開車要邊閃坑洞。池清輝表示，「尤其我們擔心的是外來客，他們不知道哪裡有危險。」

多年來不是沒有修繕過，但經費有限，最多只能局部做個幾百公尺，道路品質難有全面性改善。歷經多年來不斷爭取，終於等到前瞻計畫一次撥給 4 千多萬的經費，將全長 13 公里的道路徹底整修。規劃前負責設計監造的承泰工程負責人陳睿宇和里長林金泉等人以步行方式把整條路走一次，發現不少容易落石崩塌之處，排水系統也久未整修，部分路段的上下邊坡擋土牆還有損壞。整條道路除了水泥混凝土路面外，還夾雜柏油路面，平整度都很差。由於經費足夠，

除了道路工程，這次一併改善排水系統，並做了擋土牆及落石網。

山路難 天氣難 施工更難

工法不難，難的是中 46 線路寬只有 3 至 8 公尺，彎路多，高低落差大，造成施工上很大的侷限。陳睿宇解釋，「很多廠商不喜歡整修山區道路，他們喜歡去市區，因為交通方便，車子一到就直接可以下料，不像進到山區還要分很多次小搬運，運輸成本會拉高一倍以上。」招標時，他們向許多廠商提出邀請，平均五家就會有兩、三家拒絕參與。

工程正式開始前，主辦單位、設計監造、承攬廠商三方曾多次討論工序問題。陳睿宇表示，「當時天氣很不穩定一直下雨，原本規劃的時程一直延後，而且路幅太小，土木工程和路面工程無法同時進行，必須先把土木工程做完才能進行路面工程；路面工程又有機具進場的問題，還要配合民宿業者週末假日不能施工，工期受到很大的限制。可是前瞻計畫又有執行率的問題……該怎麼進場施作，我們討論了很久。」

由於山區道路狹小，無法採取「半半施工」，即封閉一半道路施工、另一半開放通行，一定要封路；於是他們特地從環形道路的中央最高點開始

> 山區道路窄又陡、會車不易，不僅運料成本高出平地一倍，鋪面施工更需有經驗的老手。

中 46 線蜿蜒曲折繞軟埤坑一圈。

山區道路施工只能在狹小的路面進行，花費的時間和成本都比市區道路高很多。

往下施作，這樣一側道路封住了，用路人還是可以繞道另一側通行。由於中46線只有前面2公里路面比較寬敞，進到山區環形道路後，路面就愈來愈小，載運機具的板車上不去，機具只好從山下慢慢往上開，每次都花費不少時間。貨車也沒辦法直接將瀝青等材料運上山，還請林金泉與里民協調在山下借塊地暫放材料，再用小車分次搬運。

鋪面驚險費時 無人敢賺

鋪設柏油時也驚險萬分，砂石車要先開到前面再倒車回來，把瀝青放進鋪裝機，鋪裝機才能往前鋪設。山區道路狹小無法會車，砂石車有時要倒車約50公尺直到會車彎的地方，才能開始慢慢鋪下來。偏偏這條路不只路小，還很多180～270度的髮夾彎，以及10～30度的斜坡，許多路段又彎又陡又窄，正常開車都要小心翼翼了，何況司機要載著材料倒車。慶裕成營造工程師黃鈺涵回憶當初在找司機的時候，「十個司機裡至少有三個說這個錢他不敢賺，一不小心就翻車了。」後來找到都是附近專門跑山區的車子，外面跑平地的不敢進來。

因為危險性高，施工時大家都戰戰兢兢不敢大意，有時遇到很彎很陡的地方，鋪裝機要自己下來接料再上去鋪一點，如此來回跑了無數趟。黃鈺涵笑道，「有時候施工從早上一直鋪到晚上，一抬頭，看到滿天星辰。」

陳睿宇分析，「同樣的道路面積，市區十天就做完了，我們要花上 30 天，難度高很多。」

路修好 居民好 遊客也好

施工完成後居民都很誇獎，林金泉笑道，「因為路面很平，像溜滑梯一樣大家都跑很快。」由於坡度高低落差大，許多單車族喜歡來這裡挑戰。原本地方人口老化，年輕人都不住在這裡，但現在出現外地的退休族來這裡買房，軟埤坑也多了好幾處民宿，池清輝估計遊客也增加了四、五成。

軟埤坑休閒農業區曾經榮獲 107 年休閒農業區評鑑模範獎的殊榮，現在就算不是螢火蟲季來這裡，觀光動線也十分完整。從台 8 線轉中 46 線進來會先看到天公廟，後方是天梯步道，走一趟約兩個半小時，山頂的觀景平台可眺望新社台地、頭嵙山及大甲溪河床；步道附近的遊客中心還有假日果市，方便採買當地特有的桔醬、筆柿乾、柿醋、柿子糕點和柿茶葉。往園區內走還有觀光農園可預約採果體驗，或是和協會預約做植物染、米粄等客家傳統活動。軟埤坑溪裡魚蝦成群，在每年 5 到 10 月開放部分區段供遊客溯溪，並有專人帶領講解溪流周遭的自然生態，是和大自然親密接觸的好機會。

公路人物語

承泰工程現場工程師 何脩淵（左）、承泰工程負責人 陳睿宇（右）
（以下為何脩淵採訪）

那次廠商已經施工完畢，我要趕快把數量量完算錢給他們。量一量聽到後面有嘰嘰叫的煞車聲，想說奇怪，轉頭看到一台機車慢慢靠近我。車上的阿伯問我在做什麼，了解後突然說道，「這樣子你要算好喔，算多一點給人家，這條路鋪得很好。」原來他以前下山的時候，為了要閃路上的坑洞總是習慣會騎比較慢，路鋪好之後不知不覺速度就變快了，所以不時會聽到剎車聲。離開時他還堆滿笑臉跟我說，「辛苦喔！」

本來只覺得造橋鋪路就是我的工作，沒什麼特別的，聽到阿伯的話，才發現我們習以為常的路平對他們來說卻是多麼難得，而且我們徹底解決了他們多年來的問題。第一次覺得這份工作還滿神聖的。

中 99 線
陡坡處處，成為單車族山訓路線

和軟埤坑隔著大甲溪遙遙相望的新社，一直以眾多占地寬廣的庭園餐廳而聞名，每年的新社花海節更是遊人如織，由於緊鄰北屯大坑風景區，也是臺中非常熱門的踏青景點。近年來休閒運動風氣盛行，穿梭新社山區間的眾多道路則成了單車族的最愛，爬行在上下蜿蜒的山路中，是一場場欲罷不能的體能訓練。其中眾多車友口耳相傳的私房路線，就是鄉道中 99 線了，從緩坡、爬坡到陡升坡，最後 100 公尺還是約 20％的魔王坡，搭配前後總共 9 個髮夾彎，非常適合車友來此進行山路訓練。

新社

大坑

南華莊

頭汴坑

新社歷經天災幾度重建

中99線從新社最熱鬧的中93線銜接而出，一路沿茄苳寮溪而下，最後直通太平。在路旁開設民宿的傅慶泉從小在這裡長大，談起這條路的今昔宛如活字典。「這條本來是牛車路，給牛車走的，寬度只有1米多，都是土石；後來日本時代變軍事要道，上面有一個日本電台，阿兵哥要來這邊訓練步行，路才慢慢變寬。」隨著時代演進，路從1米多拓寬到3米多，鋪面也從土石、水泥再變成柏油，直到約莫20年前終於有了雙線道。但也約莫這時候，接二連三的地震、颱風與水災侵襲，差點讓這片山林美景夷為荒地。

「你看，那時候這邊的路都壞掉了，現在這下面全部都是土石。」翻著相簿，傅慶泉記憶猶新。這個園區本來是他父親經營的果園，由於土裡都是石頭，只能種梅子、李子等果樹。長大後，他外出闖天下，從事了30年的汽車修理；直到父親過世，落葉歸根的想法不斷迴盪，他決定回鄉開墾這塊已經荒廢的山坡地，打造一座景觀咖啡廳。誰曉得老天作弄人，好不容易花費3年多的時間，將園區打理出雛型，93年卻遇到七二水災全部沖毀，沒水沒電，路都斷了，還得搭直升機逃難。萬分掙扎之後回來重建，97年卡玫基颱風再度重創中部，把他的園區再沖毀一次。回顧一切的傅慶泉忍不住苦笑，「人不要有夢想，有夢想真的很苦。」

歷經十多年的大整修

還好新社終於厄運走盡，否極泰來。多年來水患不斷的茄苳寮溪在農委會水保局投入上億經費整治之後，已少有災害。而中99線經過重修之後，也再度成為地方重要的產業道路，將周遭農場的各種作物，如枇杷、柑桔、葡萄、高接梨、甜柿、桃子、香蕉、香菇及花卉，源源不斷向外輸送。

然而，由於平日經常有貨車行經，假日也有許多小客車、重機行經此處前往谷關，許多路面都出現龜裂、破損與積水現象。富群工程土木技師林志鵬表示，「重車往來輾壓會造成路面裂痕，水滲進去後會毀損路基，造成路基下陷。」再加上路旁的水溝是明溝，沒有加蓋，經過長年風吹雨打日曬，許多溝壁都崩塌了，更增加用路人的風險。

新社民宿業者傅慶泉。

中99線從一米多的牛車路、日治時期的軍事要道，再到今日三米多的農產運輸道路，路的變遷呼應著時代與生活的物換星移

以往道路當然有修過，只不過受限於經費，十多年來都是哪裡壞了補哪裡，被傅慶泉笑稱是「貼藥膏」。這次獲得前瞻計畫的補助，整條道路5公里得以一次修繕完畢。當地的協成里里長王再興直誇，「這次修完大概可以再撐個十年了。」

荒地遷村變身香菇王國

對王再興來說，這條路也充滿了他的童年回憶。中99線往上走接中93線，可以看到整條道路兩旁都是賣香菇的，這裡是協中街，也稱為新社香菇街。協中街附近有條興義街，兩旁巷弄彷彿棋盤畫出來般的方正筆直，就是王再興的住家。臺中東勢、新社、石岡一帶是有名的客家村，聚居了為數眾多的客家人，但這裡的居民不但會講臺語，還帶有海口腔。原來，他們多數都是從清水地區遷居過來的。

「就越戰啊，」他一開口就把時光拉回60多年前，「越戰之前清泉崗機場很小，只有國內線，美軍進駐之後要擴大，我們住在機場邊緣，被劃入擴建用地，就遷到這邊。」機場內的8千多名住戶被遷到新社、南投及全臺各地。45年王再興6歲時搬過來，一開始協成里周圍沒什麼房子，甚至連地名也沒有，政府先蓋了幾間茅草屋，分給他們一戶一間，等國有財產局把房子蓋好，大家才遷入新居。至於原有的茅草屋拆掉後，住戶們把土地捐出來蓋學校，也就是今日的協成國小。

當時每一戶都可以配到90坪的建地，每個人還有一分地可耕作。乍聽不錯，但環顧周遭一片荒野，居民剛來時幾乎都在墾地、挖石頭，土質不佳，只能種些番薯、高粱等作物，收成很差，幾乎都在吃老本。基礎設施也不好，沒水沒瓦斯，「我們都喝水

新社是全國首屈一指的香菇王國。
（提供／天下雜誌‧陳建豪攝影）

協成里里長王再興。

溝水，水溝都是牛的大便，農藥罐也都丟裡面，但就只能這樣子生活。」

王再興還記得，自己每天都要走快一個小時的石頭路去東興國小上課，為了幫助家計，也常常沿著中99線撿拾樹枝一整天，挑回家裡曬乾當柴火賣，「100斤40元。」那時豐原客運還不普及，就算搭車，也得走一、兩公里才有公車可搭。

許多人不堪生活艱辛，離開新社外出做生意，王再興和好幾個居民則是跑回清水學紡織，再回新社開紡織廠。持續務農的人則是換了好幾種作物，最後終於種到香菇，憑著河谷的地形風及臺灣海峽吹拂而來的東西向風，成為全島產量最高的香菇王國，貧瘠山城終於脫胎成了富麗農村。

因應觀光 路平先刨再鋪

近年來新社有山有水、有花有特產，觀光盛行，每逢假日總會湧進大批車潮及觀光人潮。臺中市政府建設局一直積極改善周邊道路，這次受惠前瞻計畫的還有新社花海周遭的鄉道中97-1線，以及橫跨石岡、新社、北屯、太平及大里等區的南北交通大動脈中129線。

以往路平專案的計畫為了搶快，多半只是將柏油層層鋪疊上去，時間久了有的路面會比原有的水溝還高。這次在臺中市燙平計畫的要求下，做法截然不同。養護工程處山線工程隊林峰祺表示，「燙平一定要刨除再鋪，把水溝蓋提升到跟路面齊平，不會有落差。」一般路面抗滑係數多半在50BPN左右，市政府為了安全起見，則全面提升至65BPN。

看著當初的荒地發展至如今的繁榮，王再興說著說著臉上不時浮現欣慰與驕傲。「路是人走出來的」，這句話對當地居民而言一點也不假。

周邊道路刨除後再鋪築，將水溝蓋拉至與地面齊平。

南投

繁榮創生

南投竹山、埔里串聯旅行公路
為觀光開路 小鎮引客入勝

南投縣竹山鎮的投 52 線,漫行於廣闊的加走寮溪河谷及翠綠茶園間;投 79 線則是前往埔里鎮第一美景鯉魚潭的唯一聯外道。但投 52 線在震後仍有路況影響生活,投 79 線的年久失修則讓旅程美中不足,透過前瞻基礎建設計畫道路修繕,從提升居民生活到導流地方觀光人潮整合思考。

文字／李政青　攝影／盧春宇　部分照片提供／南投縣政府工務處

瑞竹

山坪頂

瑞龍瀑布

美好生活，發生在震後縫合的路上

　　清晨從竹山鎮沿著縣道 149 線往草嶺方向，在指標 10.5K 附近左轉投 52 線，早秋的陽光灑了遍野都是。隨著周遭景致從河床逐漸抽換成山谷，茶園處處，一股大自然特有的氣息飄進車窗。一陣蜿蜒後，來到預定的集合地——山坪頂。坪頂里里長陳豐俊熱情招呼著，「你們現在來路好走多了吧？山區的馬路這樣算大的。」

　　山坪頂是全國最大單一品種金萱茶的專業區。投 52 線約 2 公里處還可以見到「山坪頂金萱茶專業區」的牌樓。專業區及周邊金萱茶園的面積合計超過 200 公頃，翠綠廣闊、襯映竹林，美如詩畫。

九二一重創茶產業

　　投 52 線經過的坪頂里有 100 多戶居民，最早仰賴竹業維生，竹業沒落後，幸好茶葉及時取代，造就經濟上的空前盛況。金萱茶帶有奶香味，香氣、喉韻俱佳，很受都會區消費者歡

迎。九二一地震之前，光是坪頂里的茶廠就有 30 ～ 40 家，生產大量茶菁供應周遭社區後續加工。榮景直到九二一那天，一切都震垮了。「我們這裡的房子全倒跟半倒有 87％，等於是 100 間裡 87 間都有問題，所以你現在往山裡看過去，會發現幾乎都是新房子。」事隔 20 多年，陳豊俊描述當年災情已是雲淡風輕。

九二一地震的南段破裂帶大致從竹山的流藤坪、山坪頂、瑞竹、林頂、桶頭橋至桶頭尾一路劃過。從高空俯瞰，山坪頂剛好被清水溪與加走寮溪包圍，周遭盡是河谷，只有背後倚著低矮的阿里山山脈鹿屈山系。「由於缺乏靠山，地震搖起來就像船行在大海遇到大浪一樣，傷害特別大。」陳豊俊描述。

房子被震垮了，賴以為生的茶園、茶廠也是。由於地形驟變走山嚴重，坪頂里許多茶園已不適合耕作。沒有了足夠的茶菁產量，茶廠擔心產能不足，多數人不敢貿然重建；加上財力有限，自宅和茶廠都倒了，很少人能有錢一起重蓋。原本社區裡 3、40 家的茶廠，持續營業至今只剩 4 至 6 間；鄰近社區受創較輕的，則紛紛投下資金興建新茶廠，取代坪頂里原本的地位。

重建後土石流、淹水不斷

在 20 多年的漫漫復原路中，最初由九二一重建委員會主導，土石清走了、道路修好了、新家也逐漸完成；

投 52 線上的瑞龍瀑布經歷九二一地震及桃芝颱風後，周遭環境嚴重改變，原瑞龍吊橋被沖毀，瀑布所在的支流變成巨石阻道而難以親近。

而失去茶園和茶廠的居民憑著累積多年的專業技術找到職場第二春，改到其他社區的茶園、茶廠工作。由於茶葉屬於高經濟作物，且重技術，工資不錯，陳豐俊估算，到高山做茶菁的話，一天工資至少 4000 元、揉茶有時候一天 1 萬多塊，即使只是到茶園修剪茶葉，一天也有 5、6000 元。日子算是穩定下來。

即使生活看似恢復常軌，只要到周遭走走，不時還是可以感受到震災殘存的影子，居民聚落的道路修好了，但是活動範圍之外的區域依舊荒廢。沿著投 52 線繼續往上走，瑞龍瀑布經歷九二一地震及桃芝颱風後，周遭環境嚴重改變，加走寮溪的主河道大幅拓寬，原有的瑞龍吊橋也被沖毀，瀑布所在的支流變成巨石阻道而難以親近，林務局索性封閉近 20 年，除了釣客幾乎沒有其他遊客。從村莊到瀑布的路面因經費有限，已約十年未修繕。

此外，重建工程雖然把居住環境整理好，但之後每逢大雨容易發生土石流、落石處處，而且不只道路被砸得坑坑巴巴，居民的車子路過也會遭殃，上頭都是凹痕。里長需要提報災害再由縣府撥經費補修，每次這裡補一些、那邊再修一些，整條道路縫縫補補。重建前居民住得比較分散，家庭排水沒有那麼集中，重建之後大家住得靠近，原有的水溝排水量變得不足，加上排水系統經常被土石堵塞、排水不良，遇到大雨水還會淹到膝蓋；儘管清淤過多次，但許多涵管埋在地下，要清乾淨很難。路燈也彷彿老舊的八國聯軍，有木頭、水泥桿，還有鐵桿，十分雜亂。

坪頂里里長陳豐俊。

將原本山坡排水溝底的管線架高,可避免沉積落葉砂土,雨天排水更通暢。

路燈底座和水溝蓋共構,避免佔用道路面積。

解決淹水問題 納入居民意見

這種生活過了近 20 年,終於遇到改變的契機。「以前修路都是每條路 100 到 200 萬的經費,只能施做 100 到 200 公尺,今年補這段明年補那段;但前瞻基礎建設計畫不一樣,這是一次性,兩、三公里一次做完。」南投縣政府工務處處長陳錫梧解釋。

透過中央補助以及縣府自籌共 4 千萬經費,南投縣政府工務處花了半年,把近 5 公里的投 52 線整修完畢。除了看得見的路面整條重鋪、孔蓋下地之外,最讓居民滿意的就是排水系統也重新整理。總福營造副總經理簡逢佑表示,「里長說這邊會積水,我們診斷發現通水斷面不足,原本的水溝太小了,宣洩不及,2K+300 之後,山坡上面的水會順著緩坡流下社區,最後排過來這邊,所以下大雨的時候會淹水。」原本水溝內徑長寬都是 60 公分,加大之後寬度變成 1.2 公尺、深 1.5 公尺。原本村落兩側的水溝有的加蓋、有的沒有,有的還和路面有高低差,水多時會形成一個小水道,這次都用混凝土加蓋後齊一拉平。

陳豐俊最滿意的是一些小細節,例如巷道的小排水溝轉到大馬路側排的銜接處看起來整齊劃一,清爽不少;還有離開村莊後的水溝沒有加蓋,裡頭有數十條小水管,原本都沉在溝底,積了許多落葉砂土,導致下雨時排水不良;和設計公司反應後,施工單位在水溝上方加設架子,將小水管全數上移。「施工的時候要很小心,因為這些水管都很久了,一碰就容易碎裂,要把每條水管標上號碼才有辦法重新接起來。」簡逢佑回憶。

1K+900 至 2K+900 路段處,經過村落受到眾人關切,居民們擔心這個路段的寬度不到 6 公尺,增設路燈後會變得更窄,幾經溝通協調後以路燈與水溝共構設計。鹿天工程顧問工程

師林聖豪表示，「因為此路段原有路寬較窄，故以路燈與水溝共構設計，就不會有縮減道路寬度的情況。」共構後水溝蓋加厚，管線移到溝蓋底下，達成兩全其美的結果。至於原本容易落石的路段，工程單位也打樁加護網，汽機車行人經過時安全許多。

事前完善的設計規劃讓短短 180 天的施工期十分順利。事先規劃時，縣府邀集里長和設計公司三方一起討論，看看規劃是否符合當地需求；經費不足或有施工困難部分，設計公司也會加以解釋。陳豐俊表示，「這樣蠻不錯的，不然以前做工程我們也管不了，做完沒多久又要挖什麼的，老百姓天天罵，罵不到縣府罵到我頭上，現在比較有溝通了。」

穿梭茶園到瑞龍瀑布

南投縣政府同時也爭取經費整修周邊的瑞龍瀑布，修築約 1 公里的步道、景觀平台，新設吊橋、停車場、公廁等設施，和投 52 線串聯成一條完整的旅行公路。

往瑞龍瀑布走到 4K+292 附近時，可以左轉深入茶園，行過彎繞的上坡路，打開車門，視線豁然開朗。放眼望去可見公路漫行於廣闊壯碩的加走寮溪河谷及遼闊的翠綠茶園間，成群的採茶女正在茶園間忙碌著，景致動人。

這裡有條茶王亭步道，從投 52 線走到茶王亭所在的坡頂只需 10 分鐘左右，由此俯瞰整個山坪頂茶園最為綺麗。視線好的話，還可以看到瑞龍

> 這次道路改善居民最滿意的是一些細節，好比排水系統銜接介面細緻，解決許多日常不便之處。

瀑布更上游的太極峽谷。繼續前行，陳豐俊指著兩旁的行道樹問道：「你們有沒有注意到兩旁是什麼樹？」原來路旁的行道樹都是珍貴的臺灣原生種肖楠，是全臺最長的肖楠大道，極具價值。當地居民從 20 多年前就在路旁種肖楠當路樹，這次道路整修時，特地要求每棵樹都要留下來，施工單位還多種了幾棵。

一路走到 4K+347 後就是瑞龍瀑布了，重新開放後，現在每日約有 600 人次的觀光客，假日還可達到 1000 人次。相較於鄰近的溪頭每逢假日必塞車的景況，以後來到竹山，早上先走投 52 線到瑞龍瀑布，中午過後再去溪頭等景點，其實是更為輕鬆愜意的選擇。

投 52 線周遭種了許多珍貴肖楠。

橫跨加走寮溪的瑞龍吊橋。

臺灣地理中心碑

大湳

投 79 線
通往臺灣中心，也通往旅人的心

　　午後，跨越群山，從國道 3 號轉國道 6 號，來到埔里，下了高速公路右轉台 14 線後左轉投 79 線鄉道，一路上行，終點就是曾獲得埔里鎮民票選當地最美麗的景點——鯉魚潭。

　　鯉魚潭舊稱「鱷魚窟」，相傳潭名之由來，乃因昔日此潭盛產鱷魚而得名。這裡是埔里最為著名的自然景觀，湖面面積達 20 甲，環湖周長則有 1300 公尺。夏季時，湖上蓮花盛開，走在潭中央的柳樹堤道上，徐風吹來清香，湖面波光映照遠處翠綠，又有「小西湖」美稱。

　　鯉魚潭周遭群山疊巒，景致秀麗，在宗教上，這是風水寶地，佛寺、禪寺散落其間；產業上，周遭地勢海拔約 5、600 公尺，加上土地肥沃、日夜溫差大，鄰近的蜈蚣里成為埔里花卉專業

埔里鯉魚潭

生產區；資源上，埔里水聞名全國，許多水公司的取水地就在鯉魚潭後方的山上；生活上，臺中榮民總醫院埔里分院座落一旁，吸引許多退休族遷居於此。

投 79 線起始的一段路剛好沿著乾溪而行，一旁的蜈蚣里住了 200 戶以上人家，清晨及傍晚時分，許多人會走在路旁沿溪散步，路樹、涼亭、配上淙淙水流，愜意而悠閒；要不是聽到里長黃美玉陳述整修前的種種問題，加上照片對照，幾乎很難想像今昔落差之大。

唯一聯外道路車流眾多

由於鯉魚潭提供了眾多機能，使得唯一的聯外道路投 79 線甚為繁忙。一般的風景區多半假日擁擠、平日悠閒，但投 79 線即使在少有遊客的平日下午，車輛依舊川流不息，還有許多超過 20 噸的運水車經過。在民國 108 年底整修完成之前，路寬大約 6、7 公尺，部分人行道行走空間則不到 90 公分，混凝土鋪面被一旁路樹的樹根撐得凹凸不平，眾多車輛、大卡車不時呼嘯而過，帶給出門活動的居民莫大壓力。人行道旁臨溪的水泥欄

投 79 線為鯉魚潭唯一聯外道路。

杆則是毀壞剝落，有點危險。

　　道路下方的排水管則是另一個問題。地下涵管本來應該將多餘水量排入乾溪，但因年久失修，涵管淤積嚴重，每逢大雨只排得出涓涓細流；排不掉的水則直接灌到路面，馬路瞬間變水溝，有時還往住戶家裡竄流。另一側的山壁遇雨也是居民的噩夢之一，土石不時剝落下來，令人覺得危機重重。如果晚上行經這條道路，還會有另一種不安全感：照明太暗了，平均 50～60 公尺才有一支路燈。許多鯉魚潭風景區的工作人員都曾經

大嘆，「晚上回家的時候很可怕，路好暗喔！」

　　有鑑於投 79 線不但是鯉魚潭風景區唯一的聯外道路，也是埔里通往仁愛鄉或日月潭的交會處，並且鄰近埔里鎮地理中心碑、虎頭山、福興溫泉區等觀光景點，南投縣政府申請前瞻計畫，在一年左右的工期裡，將此路段改頭換面。

鋪出埔里最美人行道

　　「公路總局很少在做人行道的，」南投縣政府工務處處長陳錫梧指出少見的人行道設計是修建重點之一。走在投 79 線，用路人的第一印象大概都是路旁的人行道很漂亮。放眼望去，沿路做了 6 個景觀平台，混凝土路面改成透水磚，一旁的水泥欄杆也替換成白色烤漆，上頭還有鯉魚圖案。

　　在綠美化方面也下足苦心，原本人行道的路樹都是穴狀種植，整修後，改成一整條的綠帶；樹種也特別挑過，除了原本的松樹之外，還增加在地原生種的桃實百日青，以及能復育蝴蝶的大花紫薇。完工後，常有阿公帶孫子、爸媽帶小孩來這裡健走，順便在涼亭吃東西；還有很多居民跑來打卡拍照，直稱「埔里最美的公路就在這裡。」

　　除了表面看到的美輪美奐，連看不見的細部也改頭換面，藉由路面改善的契機，原先馬路上錯綜複雜的管線一律地下化。荔盛工程顧問工程師簡岳忠邊走邊解說，「路面上的管線全

人行道和路燈設計是投 79 線的修建重點之一。

部移到人行道底下，做共同管溝，每50公尺會有一個開孔。」開孔就在人行道上，用化妝蓋板蓋住，看起來跟人行道融為一體。投79線另一側也預留孔洞，如果對面要增建屋舍的話，五大管線的廠商，不管是中華電信或台電等單位，可以在共同管溝裡頭佈線，將管線直接從下面接過去延伸就好，不需另外挖路。

解決排水及照明問題

排水系統是另一重點。在之前最容易積水的 0 到 1 公里處，整個道路鋪面的高度與斜度重新設計過，可讓雨水全部往外排。重鋪過的人行道是透水路面，雨水可以直接進到路面下的集水井，集中後再前往大排水溝；排水管的數量則增加將近一倍，效率比以前更好。投79線進來 50 公尺處的山壁遇雨容易發生剝落，施工單位增設花檯以復育植栽，並未出現剝落的情況，居民們遇雨再也不需擔心淹水和土石掉落。

路燈也加密了，原本大概 50、60 公尺一支，現在縮減到 30 ～ 40 公尺，明亮度比以前好很多。欽成營造現場工程師王堉豪特地指著靠近鯉魚潭的路燈，「一公里前跟一公里後，路燈上面的燈具是不一樣的。」原來沿路的燈桿都是新的，但是燈具部分，前面是新的，後面是將舊的拆下來留用。「我們作工程不是盲目花錢，後面的燈具也替政府省一些預算。」

走入臺灣地理中心

投79線整修完成後，遊客前往鯉魚潭更加便利。環湖一周，湖側有登山步道直通虎頭山頂，居高臨下可眺望整個埔里市景。臺灣地理中心碑位

增設排水管，讓雨水滲透人行道鋪面後可迅速從大排水溝排出，避免積水。

投79線沿路設置了六個景觀平台。

在虎頭山的山麓，山頂還有一個65年重新勘測建立的三角點，是準確的臺灣中心點。近年因為虎頭山的高度、視野及風場條件絕佳，飛行傘運動十分盛行；就算自己不玩，躺在草地上聽著其他遊客往下飛奔時的尖叫聲，也是樂趣十足。

下山時正值夕陽西下、投79線華燈初上時，相較於以往照明不佳的昏暗詭譎，現在的夜晚反而是這條道路最美麗的時刻，一盞接一盞的黃燈往前延伸，有股山林裡獨有的溫馨恬靜。

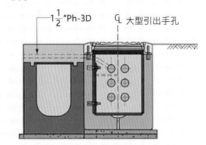

從鯉魚潭走上虎頭山，埔里市容盡在眼底。

彰化

有感設計　# 風景公路

彰化福興、溪州　路平好生活
連貫東西紓車流 點亮古蹟迷夜色

快速連結彰化到鹿港的彰 206 線，在有效改善路基品質之後，不只為用路人帶來便利，也以植栽綠化提升社尾村民的生活環境。縣道 145 線則行經曾為遠東第一長橋的西螺大橋，透過修補橋面的伸縮縫及夜間照明，讓這座三級古蹟有了平坦而明亮的新面貌。

文字／李政青　攝影／林穎成　部分照片提供／彰化縣政府工務處

<section>彰 206 線

路基打掉重練，一路通暢到鹿港

對許多用路人而言，彰化到鹿港是一段快不起來的路。兩地之間沒有任何高速公路、快速道路連接，最直接的選擇是縣道142 線（彰鹿路），但從彰化市區要接到 142 線，得先經過國道 1 號彰化交流道，路口複雜且經常塞車；好不容易塞過這段，順暢走個幾公里來到鹿港市區，通常又是另一波車陣。要是遇到週休二日或連續假日，就是漫漫無止境的龜速之旅。

開路紓解彰化鹿港車流

兩地之間車流量這麼大不是沒原因的。儘管鹿港不再擁有百年前「一府、二鹿、三艋舺」的地位，時至今日，仍然保有獨特重要性；不但是彰化最著名的觀光勝地，也是全國最大工業園區——彰濱工業區的門戶，並發展成臺灣最大的水五金產業重鎮。在眾多鄉鎮面臨嚴重的人口外流時，鹿港近十年的人口還在逐年增加中。

然而，鹿港小鎮繁盛，卻始終沒有鐵路、也沒有高速公路經過，要到臺中彰化等地，一定得到彰化交流道上一高，或者往

鹿港

福興　　　　　　　　　　番婆

福寶村　　福南

北走到和美上二高。但這裡又是交通樞紐，北彰化的人如果要到西南沿海的芳苑、福興等地，還是得往西走到鹿港一帶，再接濱海的省道台17線或61號西濱快速道路。

有鑑於東西兩地之間道路需求量高，當地公所特地在142線旁另外開闢鄉道彰206線作為外環道路，穿越稻田後沿著番社排水，一路西行銜接台17線。彰206線會先接到縣道144線員林大排平面道路，右轉再右轉就是鹿港市區；如果要到西南沿海的芳苑、王功，可跨越員林大排繼續直行接台17線。這個路線比走142線進鹿港再繞出來還快得多，鄰近的社尾村長陳河傳估計，「大約省下20分鐘的時間。」

彰206線於民國97年2月開工，花費4年時間，全線於101年8月通車。為了有效紓解進入鹿港的車潮，這條路還是少見的四線道鄉道，不但是鹿港國家歷史風景區成立後的重要建設，也是沿線所經福興鄉爭取多年的重大工程。

新路狀況太差民怨四起

可惜，如此眾所期盼的新建道路，落成使用後卻讓眾人「罵臭頭」：明明是新的聯外道路，通車不久卻迅速「崩壞」，路況比鄉間產業道路還要差。「車子走在上面很像跳曼波。」陳河傳形容。沿線不是坑坑疤疤，就是破洞積水、路面龜裂，連分隔島的行道樹都枯死；民眾抱怨不斷，「噴

彰206線多數路段沿著番社排水走。

彰化縣政府工務處處長林漢斌説明，彰206線先天地下水位高、後天道路地基又沒做好，導致路面嚴重下陷龜裂。

彰 206 線原路基狀況太差，幾乎整條條挖掉重做，並用低強度混凝土
（Controlled Low Strength Materials，簡稱 CLSM）回填。

泉路」、「曼波路」、「全彰化最爛的路」、「全臺灣最爛的路」等稱號如雨後春筍般四處流傳，抗議連連。

「彰 206 線（南環路）是我們彰化縣內養護單位的痛。」彰化縣政府工務處處長林漢斌無奈長嘆。當初由福興鄉公所發包執行，徵收農地闢建時沒有確實做好級配滾壓導致路基鬆軟，加上鄰近番社排水，地下水位高，只要遇雨或重車滾壓，地面就會下陷龜裂。每年縣府挹注 200 ～ 300 萬元經費由公所維修養護，但因為路基乘載力太低，投注多少經費都沒有用，路面總是修好就壞。到了 102 年縣府道路普查時，乾脆將南環路納入縣鄉道管維，又遇到前瞻計畫能提供足夠經費，一口氣申請了好幾期標案，打算徹底解決陳年舊痾。

整條路基挖掉重做

這次的整修工程分成兩期執行，經費花了將近 1 億 8 千萬元，幾乎等於重新開一條路的錢了。林漢斌無奈地說，「沒辦法，路況太差，工程的問題比較大。」其中最費工的就是路基整修，幾乎整條重新挖起來重做。由於當初道路緊鄰番社排水，地下水位比較高，再加上位於農地，田裡很多黏土，含水量高又容易下陷。「有時候開挖下去都是爛泥巴，我們同仁跟施工廠商必須隨時在現場，遇到狀況要馬上變更工法，做些路基改良。」

為了有效改善路基品質，原先的土如果狀況不佳就直接挖掉，改以低強度混凝土回填。林漢斌解釋，「這種混凝土用力一踢就會粉碎，可以取代砂石，又添加少許水泥；因為一般乾拌水泥碰到水乾掉後強度會比較好，我們利用這個特性，讓路基遇到水的時候還可以有一點強度，以保護路基。」

施工時需調撥車道，採半半施工。

施工過程艱辛但成果佳

施工時要調撥車道進行「半半施工」，例如北上車道圍起來，留南下車道通行；由於當時各標案同時動工，改道的車道長達 6 公里，各施工單位間的介面協調非常重要。原本的道路品質已經不佳，全部的車道又集中於一側的話，破損情況會更嚴重，即使機車騎過去都很危險。施工單位必須再次調撥車道局部改善，一邊做完之後再開放另一側車道通行，過程有時險象環生。三興營造工程師傅志

青表示，「改善路段上大型車輛眾多，在交通維持上必須非常嚴謹，以降低施工中的交通事故。」

雨季則是另一個頭痛點。這次的工程從 108 年 5 月底進行到 10 月初，7、8 月時颱風雖然沒有登陸，卻帶來幾次強降雨，使得工地泥濘無法控制濕度，好幾次機具都沒辦法進場。雖然施工單位緊急以抽水等方法把水排掉，最後進度還是有些耽誤，展延24 天。

值得慶幸的是，成果大家都很滿

意。村長陳河傳表示，「他們路基從40公分的低強度混凝土先做起來，做完之後要放兩、三個禮拜，等路基穩固之後再鋪10公分的瀝青混凝土路面。我覺得他們施工的時候非常用心。」採訪時道路已經完工近一年，依舊平整如新。

縣府以國際糙度指標（簡稱IRI）加以檢視，勤毅工程鄭可偉表示，「以一般公路標準來說，數值要在3.5m/km以內才合格，整修前彰206線最差的路段數值只有5.7m/km；整修之後，整體平均值提升為3.0m/km，比公路標準還好。」

綠化提升生活品質

陳河傳更滿意的其實是景觀。社尾村隔著番社排水和彰206線相望，由於彰206線有許多大車高速行駛，村民們平常都在番社排水內側的小路散步、騎自行車；為了阻絕彰206線的噪音，內側堤防種了整排的樹，而外側之前卻是荒蕪一片，雜草蔓延。林漢斌解釋，「在道路跟番社排水之間以前有所謂三不管地帶，我認為那是水利地，村民卻認為是開闢道路剩下

公路熱知識

國際糙度指標

傳統路面修復往往透過用路人通報、工程單位巡察機制等，決定路面刨除加封工程，不過這樣的人為判定可能會出現誤差。對於鋪面平整度的評估，目前以「國際糙度指標」（International Roughness Index，簡稱IRI）最廣為使用；當IRI為0表示該剖面非常平坦，一般認為數值超過8就屬於行駛困難，或需減速的不良道路。

社尾村與彰206線隔著番社排水相鄰，村民們常沿著番社排水堤岸騎自行車。

的空地。」縣府利用這次工程把道路兩側的空地做綠美化，種了社區裡常見的豔紫荊，陳河傳開心地說，「這花開起來的顏色很美。」

中央分隔島也變得綠意盎然。勤毅工程土木技師林欽崇表示，「之前的分隔島上種水黃皮，但是這裡的寬度只有 60 公分，空間受限，種植喬木無法存活，所以現在改種灌木。」考慮到沿海風大鹽度高，這次選種的厚葉石斑木、矮仙丹及海芙蓉都具備抗風抗鹽的特性，生長狀況比以前好很多。

於是，彰 206 線完工後，不只為用路人帶來便利，社尾村民的生活環境也提升了一些。早晨及黃昏時，村民們除了沿著番社排水堤岸騎自行車，還可跨越彰 206 線，對面有另一條由台糖五分車鐵道改成的自行車道。「我以前念福興國中第一屆的時候，就是來這裡坐火車去鹿港念書的。」陳河傳回憶。現在這條自行車道同樣可以騎到鹿港去。

福寶乳牛村看牛賞海景

觀光客若不想進入擁擠的鹿港市區，就沿著彰 206 線走到底吧！道路盡頭穿越台 17 線是福寶村，不過現在大家都叫這裡為「乳牛彩繪村」，四處都看得到乳牛的圖案，連路肩牆都漆成黑白花紋。村長黃耀輝笑著說，「一開始我和兒子兩個人去畫，蹲在地上站起來會暈，一看，畫牛還是豬都看不出來，和心裡想的都不一樣，乾脆畫 Q 版乳牛。」父子倆為了美化社區到處畫，最後成了特色，吸引眾多遊客前來打卡拍照。

而且，福寶是真的有牛。由於濱海的福寶農地土壤鹽化，難以耕作，政府為改善當地居民收益，於 62 年成立福寶酪農專業區，是全臺四大酪農區中畜養牛隻數量最多的區域。傍晚來這裡看牛、吃牛奶冰棒、踩水、賞鳥、看夕陽、撿文蛤，是體驗濱海濕地生態體驗的好去處。

鄰近的福寶村以彩繪聞名。

福寶濕地適合做生態小旅行。

福寶村是臺灣四大酪農區之一。

福寶村村長黃耀輝。

西螺大橋，三級古蹟添夜色

去過鹿港、福寶，接著回到國道 1 號，往南行下北斗交流道，沿台 1 線轉往縣道 145 線吧！走到彰化縣最南端，就是鼎鼎有名的「西螺大橋」。以現在的眼光來看，西螺大橋實在稱不上壯麗，走在橋面上兩個小小的車道中，甚至覺得有點狹窄。但若將時光倒轉，回到大橋正式通車的 42 年，它可是當年的遠東第一長橋，即使放眼全世界，也僅次於舊金山的金門大橋，無論海內外都是了不起的重大建設。

工程經歷戰爭的大橋

西螺大橋橫跨的濁水溪是臺灣第一長河，下游河幅寬廣。大橋完工前，商旅路客如果要從北邊的彰化跨過濁水溪造訪雲林，必須從二水搭火車到林內再轉車到西螺，或是得搭乘竹筏擺渡，相當不便。但雨季時河川暴漲，連竹筏都過不去，兩地民眾只能望溪興嘆。

日治時期，臺灣總督府陸續改良貫穿南北的縱貫道路，並興建跨越各大溪流的公路橋。到 1935 年底，縱貫道路全線只剩下濁水溪與高屏溪無法通行汽車，地方人士陳情建橋的呼聲日益高漲，甚至成立「濁水溪人道橋架設期成同盟會」。經過數年的不斷遊說，大橋終於在 1938 年動

> 西螺大橋接通日本時期的縱貫線，也就是台 1 線，完成臺灣第一條貫穿南北的交通要道。

坤頭

溪州

西螺大橋

西螺

港尾寮

工，不過才建了 32 個橋墩，1941 年珍珠港事變爆發，珍貴的鋼鐵挪作他用，工程被迫暫停。

1945 年第二次世界大戰結束，地方仕紳再度推動濁水溪橋梁建設，無奈戰後臺灣百廢待舉，不管政府或民間都沒有游資大興土木。直到國民政府來臺後，民國 40 年美蘇對抗局勢確立後有了轉機，臺灣被視為亞太地區防堵共產勢力的第一島鏈，大量美援投入，西螺大橋才得以復工。當時南、北側同時施工，等待十餘年，卻短短半年就完工了。橋身的所有鋼材據說都是美國原裝進口，至今大橋在

紅漆的遮掩下，仍然找得到「中美合作」，以及「1951 年匹茲堡鋼鐵廠」的出廠刻印。

跨世代重要歷史記憶

這座由日美臺接力完成的橋梁，具備經濟和軍事的雙重意義：大橋接通日本時期的縱貫線，也就是台 1 線，完成臺灣第一條貫穿南北的交通要道。當時糖業興盛，橋面有台糖小火車軌道，串聯起溪湖糖廠與虎尾糖廠兩大糖鐵系統，為了守護這個交通要塞，軍方還派部隊駐軍兩側。49 年西螺大橋和國父孫文還一起躍上新臺

幣拾圓紙鈔正面，是臺灣目前唯一登上貨幣的橋梁；而中部許多學校遠足和家庭旅遊，首選就是來西螺大橋，成群遊客漫步在華麗的華倫式桁架下，驚嘆連連。

到了67年國道1號完成後，濁水溪上有了另一座更寬廣快速的橋梁——中沙大橋，西螺大橋的駐軍就撤走了；68年糖業沒落，加上鐵軌常常造成機車打滑出事，鐵路也被拆除。83年為了取代老舊的西螺大橋，濁水溪上又蓋了溪州大橋，原本行經西螺大橋的台1線也隨之改道，西螺大橋則降格為145線的一段，並限制只能通行小型車輛、機車與自行車。

自此，西螺大橋喪失交通要道的地位。89年交通部原本有意拆除，但數十年下來，這座橋梁早已成為當地跨世代不可分割的重要記憶；經過地方串連爭取，彰化及雲林縣政府均將之登錄為歷史建築。西螺大橋轉型為觀光大橋，是西螺近年來大力推動地方再生時重要的亮點，每逢假日便遊客如織。

橋梁南北端 冷熱兩樣情

可惜，無論今昔，西螺大橋的風光始終有點南北兩樣情。南岸的西螺聲名大噪，北岸的溪州就有點不是滋味，名字都叫西螺大橋了，有誰知道橋的另一側是溪州呢？「西螺大橋是彰化縣的地耶，縣界是放在那邊的耶！」另一側的溪州鄉水尾村長蔡華南忍不住吐苦水，「但名字取這樣大家都誤會。」當初命名的時候兩側民眾吵翻天，最後臺灣省政府以美國總統杜魯門在國會審核美援稱呼的「西螺大橋」定案。後來蓋溪州大橋時，兩側為了名字再吵一次，這次溪州勝出。但時空背景不同，名氣始終留在西螺大橋身上。

「彰化、雲林這兩邊差很多，」蔡華南很感慨，「對面有小吃、咖啡店、停車位，幾乎每個禮拜都在辦活動，大家都跑過去，連我們這邊晚上都過去喝咖啡……」實際走過一遭，發現兩側確實有明顯落差。由於第四河川局將西螺端的河川地整理為親水公園，多數遊客會過橋來休憩踏青，加上西螺大橋緊接著西螺市街，店鋪林立十分熱鬧，再往前不遠又有延平老街可逛，整個觀光動線十分完整。反觀溪州端，過橋之後是大片農田，要轉台1線過國道1號才是溪州市區，確實比較沒有能讓遊客停留之處。若是晚上經過會發現差異更為明顯，西螺端燈火通明，而溪州端卻是一片漆黑的田野。

橋梁本身也有些問題。雖然都有定期檢測維護，安全性無虞，但當年橋面是鋼構鋪水泥，後來改鋪瀝青之後，出現鋼橋熱漲冷縮的係數和瀝青混凝土不一樣的問題。鋼橋白天日照時會脹大，晚上縮回，一伸一縮之間高達2、3公分，很容易破壞伸縮縫的瀝青。實際行駛橋上，會明顯感到伸縮縫破損嚴重，車子一直跳動。

維修古蹟 法規與結構都棘手

「南橋北管，講到西螺大橋雖然大家都想到雲林，不過是由彰化縣政府養護。」林漢斌表示，「這是進來彰化的重要門戶，我們希望提升品質，給民眾一個好的印象。」

於是，趁著這次申請前瞻計畫的機會，縣府將西螺大橋相關問題一併解決，其中最棘手的是橋面的伸縮縫。目前一般橋梁的做法，是在伸縮縫做出一個硬性結構物，常見的有角鋼伸縮縫或齒型伸縮縫；但西螺大橋原始的伸縮縫是由兩塊鋼板相互疊合所組成，如果要裝上現在的伸縮縫構造，必須把既有設計拆除才可能施作。然而，由於西螺大橋具備文資身分，如果需要變更結構，必須向文化局等相關單位提出修復計畫方可執行。佺葉工程副總經理陳信佑表示，「這個流程十分冗長，可能要一、兩年時間，我們沒辦法等這麼久，只能用不破壞原本結構的方式改善。」

替代方案是在鋼板疊合縫隙進行瀝青混凝土切縫，切出縫隙後再填入瀝青膠泥，但施工時還是把大家嚇出

西螺大橋整修前伸縮縫龜裂（如右上圖），行駛其上會明顯感到車子一直跳動。

下了橋有 LED 路名燈增加環境明亮度與辨識度。　　加裝 LED 警示燈之後，現在西螺大橋的夜間照明好很多。

一身冷汗。「我們預期鋪完瀝青混凝土要馬上切出伸縮縫，沒想到還沒切就裂開，嚇死了。」肇益營建負責人楊建邦回憶。原來當天瀝青混凝土從早上鋪到下午，原本打算整個鋪完再切，沒想到下午氣溫變低，後面還在鋪，前面就裂開了，有的甚至裂到兩公分寬。幸好沒有車輛輾壓過去造成更多破損，施工單位當天趕緊找人把伸縮縫全部切出來，這才順利過關。

在補強西螺大橋的夜間照明上也是煞費苦心。陳信佑表示，「因為是古蹟，施工時要避免破壞既有結構，又要符合現在節能趨勢，沒辦法裝太多燈。」現在臺灣許多橋梁在晚上都有投射燈作光雕秀，陳信佑直言，「這次經費主要是道路改善，若要在橋上裝投射燈，上千萬跑不掉，每個月電費還不知要再花多少錢。」最後在橋面兩側裝上 LED 警示燈，只花兩、三百萬，晚上視野變亮了，又達到節能效果。

新設單車道 體驗民俗盛事

下橋之後的環境同樣必須重新整理。溪州端橋頭兩側原本設有景觀平台，但雜草叢生，有些設施也損壞了；往前直行不久的多岔路口，有六條道路環繞，路牌十分複雜。這次從路口開始，把本來四、五支電線桿、路名牌整合成一支，看起來清爽很多。由於西螺大橋有自行車環島 1 號線經過，重鋪路面時也調整車道，並以冷塑標線劃出自行車道，而橋頭的景觀平台重新整理後，更加適合遊客休憩賞景。晚上則會感受到更明顯的變化，由於路名牌都改成 LED 燈：「歡迎蒞臨彰化縣」的燈光在黑暗中

鄰近西螺大橋的溪州鄉震威宮是全臺少見的鍾馗廟。

西螺大橋有自行車環島 1 號線經過,重鋪路面時以冷塑標線劃出自行車道。

綻放,看起來特別清楚。

現在,遊客若要感受西螺大橋的人氣,不妨在 3 月瘋媽祖的時候過來,不管是大甲媽祖或白沙屯媽祖,西螺大橋都是必經之地,會把橋面擠得水洩不通滿滿都是人。不過,白沙屯媽祖的路線不定,有幾年還捨棄西螺大橋,直接從橋下涉溪而過,是眾信徒難以忘懷的體驗。

鄰近的水尾村雖然看似沒有觀光客會來的小農村,但每年大甲媽祖遶境回鑾一定會停駕在村裡的震威宮。這是全臺少見的鍾馗廟,全村村民八成都姓鍾,視鍾馗為「祖公」誠心祭拜。每年 10 月的「鍾馗文化祭」,鍾馗爺會起駕過橋到西螺鎮上 20 幾間宮廟祈福交流,也是歡迎遊客逗熱鬧的地方盛事。

公路熱知識

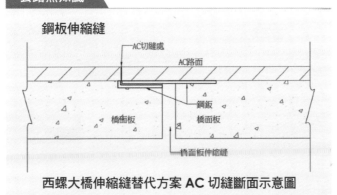

西螺大橋伸縮縫替代方案 AC 切縫斷面示意圖

Chapter 3

南區生活圈

雲林・嘉義・臺南

雲林│平原上的縱貫公路　火紅木棉燦爛綻放

嘉義│護人也護樹　從用路安全到文史保存

嘉義│為未來鋪路　城市構築道路先行

臺南│農村再造　重現百年官道榮景

臺南│可以開戰車的綠色隧道

雲林

#風景公路　#繁榮創生

南北貫通雲林的景觀大道
平原上的縱貫公路
火紅木棉燦爛綻放

全長 35 公里，貫通雲林縣西螺、虎尾、土庫、北港四大城鎮的縣道 145 線，
可說是平原中的中央公路。前瞻計畫以風景公路為基礎，強調綠色運輸環
境，串聯高鐵特定區及周邊觀光景點，來打造雲林縣的景觀大道。

文字／陳俊文　攝影／林穎成　部分照片提供／雲林縣政府工務處

攝影／雲林阿輝

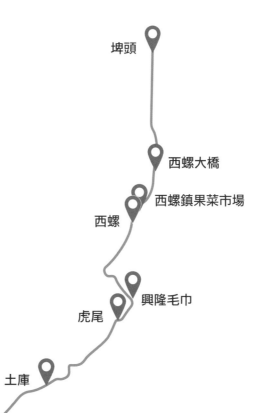

坤頭

西螺大橋

西螺鎮果菜市場

西螺

興隆毛巾

虎尾

土庫

北港

港尾寮

從嘉義新港北上，經過元長、土庫，到達虎尾和西螺，這些地標，似曾相識，原來這些城鎮，都在大甲媽祖遶境的路線上。縣道 145 線全長 35 公里，北起彰化、南至嘉義，中間橫貫雲林，是雲林縣重要的南北產業幹道，貫通西螺、虎尾、土庫至北港鎮，連接農業大縣中的西螺與虎尾兩大產業城鎮；近年因為高鐵雲林站設在虎尾，東西向的高鐵聯絡道，都與 145 線相交叉，可說是平原中的中央公路。

南北縱貫公路的里程碑

提到 145 線，許多人的第一印象多是西螺大橋，事實上這座橋也是代表雲林的重要地景。這座當年被譽為「遠東第一大橋」的紅色鋼構橋於民國 41 年完工後，終於讓臺灣在 1908 年縱貫線鐵道西部幹線通車後，迎來第一條南北縱貫公路「省道台 1 線」的正式通車，期間足足相隔了 40 多年。如今台 1 線改經 83 年完工的溪州大橋，而西螺大橋改隸 145 線，轉為供小型車、機車、自行車通行的便橋，但仍然是彰化通往雲林最有特色的打卡地標，目前橋面上還遺留著當年的省道里程

碑，橋兩端還保留有衛兵哨亭等歷史痕跡。而145線也像西螺大橋一般，道路任務從當年的運輸需求，逐漸走向兼顧休憩機能的景觀公路。

「145線是在50年修築，從彰化到臺南，原本超過100公里。」世居虎尾，現年75歲的興隆毛巾工廠負責人林國隆聊起這條路的歷史。西螺和虎尾原本的聯絡道路是清雲路（鄉道雲91線），大家習慣稱為「大路」，但是運送蔬果的重車多，沿路都是民宅，導致無法拓寬，於是另闢一條外環道。「當年從虎尾到西螺這段路，我們在地人俗稱為新大路。」也就是現在的145線，而他看準了這條路的發展性，就把毛巾工廠落腳在145線道路旁。

早期的145線肩負著城鎮間運輸的重任，65年起，許多路段併入從彰化到臺南、俗稱為「中央公路」的台19線，是連絡臺灣中南部次要城鎮的縱貫省道。後來145線慢慢轉型為景觀道路，而這次前瞻計畫就是以風景公路為基礎，強調綠色運輸環境，串聯高鐵特定區及周邊觀光景點，來打造雲林縣的景觀大道。

公路迷票選 最美公路風景

西螺大橋早已經被雲林及彰化縣政府分別將其列入該縣的歷史建築，而由600多位公路迷所組成的民間團體「公路邦」，於101年進行不分路種的公路風景票選，也是由西螺大橋奪冠。

145線上的西螺大橋連接彰化、雲林兩個縣市。

145線以風景公路為基礎，串聯高鐵特定區及周邊觀光景點，來打造雲林縣的景觀大道。

「從西螺果菜市場旁（12K）到虎尾木棉花道（20K），在91年公路總局代養年代還曾拿下道路景觀設計的第三名。」雲林縣政府工務處處長汪令堯，驕傲地談起這件往事。「這塊大石應該就是當年的得獎紀念。」他撫摸著石頭上的公路局鑿痕說道。這塊鑿刻著「旅途平安」的大石，就像是一個公路歷史的對照，無論是開路或修路，旅途平安一直都是公路人最終期望達成的目標。

「前瞻計畫共修繕約20多公里，分成西螺段和虎尾段，都是景觀道路，幾乎整條翻修。」汪令堯特別指著現在正在進行高鐵聯絡道周邊整修的道路，說明因為這附近都是民宅與私有地，增添施工上的困難度，加上前瞻計畫是以木棉花意象景觀道路作為主軸，所以高鐵聯絡道路並未納入前瞻計畫。因仍有部份經費不足，所以一條路需分階段施工，但汪令堯認為殊途同歸，他會再努力爭取，這也是從中央回到地方後，他對自己的期許。

景觀道路設計以人為本

這次計畫是以過往的景觀道路為立基，提出以木棉花為整體意象，並以人為本的景觀道路設計，跟以往單純以用路人視野思考的景觀概念更多了一份考量。「我們還增設了機慢車道，從以往的兩線道，增加為四線道，大幅改善交通安全。」過往只有兩線道，卻常有運輸果菜的重車出入，造成機慢車、一般車輛、運輸車輛的動線重疊，無形中增加許多危險。

「這條步道磚，除了提供行人散步，還可以騎腳踏車。」145線的虎尾段在春季3、4月份木棉花季盛開時，道路兩旁停滿來此賞花民眾的車輛，險象環生，於是開始著手規劃人車分流共存的生活道路。「兩旁的人樹，我們一棵都沒砍。」汪令堯自豪地介紹工務處同仁們的設計工法，在道路東側，木棉花道的外側規劃了2,965平方公尺的步道磚，木棉花樹則充當天然的分隔界線，隔絕人與車；步道磚的最外側設置景觀步道矮燈，步道磚

內側、木棉花樹的下方還栽種地被植物，像是鋪了一層綠地毯，讓視野無限延伸，跟一旁的農田連成一氣。

行車安全景觀設計兼顧

汪令堯表示為了改善天際線問題，也多爭取用路面積，拆除大約 200 支電線桿，而為了讓道路平坦，改善行車安全，約 220 個人孔蓋也全部下地，巧妙地爭取多增加一條機慢車道，有效提升用路安全。原本的道路只有兩線道，在不砍伐任何喬木的前提下，如今增設機慢車道，兩線道增加為四線道，道路東側更增設一條人行步道，就像日本綜藝節目《全能住宅改造王》般，在有限的空間拓展出不同的運用方式。

除了道路平面上施展魔法，天頂也不馬虎，以用路人的視覺仰角空間，將原有的路燈重新規劃，並增設約 180 盞橘紅色木棉花造型 LED 路燈；從道路中央望去，讓整體視覺更活潑了起來，就像是一年四季都開滿著花。

在筆直木棉花造型路燈的帶領下，綿延不絕的木棉花樹爭相綻放，一旁有可供散步或騎自行車的景觀步道；夜間散步時，有低矮不刺眼的庭園燈相伴，信步到木棉花意象附近，還有木棉花瓣形狀的塊石座椅可供休憩。而在造型石椅旁，則有大型鋼構彩框巧妙地框住了美景。「我們特別設計在安全場域下，可供遊客打卡拍照的地點，希望大家幫我們多多宣傳。」將道路意象設計融入城市地標概念，木棉花季時，讓乘興出遊的旅客一秒變網紅。

145 線虎尾段戀戀木棉道主意象，特別設計花瓣造型石椅與景觀人行步道，方便民眾賞花遊憩。

145 線靠近斗六聯絡道路段，東側為人行景觀步道，步道兩側為成列木棉樹。

居民主動認養公路綠帶

「從木棉花意象到石椅，都是我認養的範圍，是參加完工記者會時允諾張麗善縣長的。因為工廠就開在這條道路旁，有一點小成就，回饋鄉里也是理所當然，希望能夠拋磚引玉，呼籲大家共同愛護這條路。」林國隆說。因為毛巾觀光工廠的綠地草皮，幾乎每個禮拜都會修剪，他就請兩位員工順道來這裡，一人一邊用肩背式除草機掃過一次，然後有些雜草再用手工處理。

「之前颱風天下雨過後，我跟太太就散步來這裡，拔雜草兼運動！因為下雨過後，泥土吸了水分後會變鬆軟，雜草就可以連根拔起。」林國隆一邊說著一邊熟練地拔起雜草，整理環境就像是自家花園。他表示自己是農村子弟出身，這點勞動難不倒他；看到這條道路整修得這麼漂亮，開在這條景觀道路上，心情都會變好，自然應該要更用心維護。

MIT 毛巾工廠轉型觀光

位於 145 線旁的興隆毛巾於 68 年成立，原本是幫其他品牌做代工，相較於其他工廠為了降低生產成本而外移至中國或越南，林國隆卻將危機變成轉機，堅持待在臺灣，並毅然決定自創品牌，堅守品質與創新。97 年還成功轉型為觀光工廠，發揮創意將毛巾包裝成蛋糕與公仔，蔚為風潮。「三角系列蛋糕毛巾」則是轉型為觀光工廠爆紅的商品，在許多伴手禮商店都有販賣，從外觀看，因為顏色各異，感覺蛋糕有許多口味，攤開來就是一條有著小熊圖案的小方巾，上面寫著「Cake Family」的字樣，全都由自家店員的巧手折疊而成。

將近 1,300 坪木造建築的廠房充滿歷史的痕跡，裡面卻有著最新的紡織機。「改天我還要成立一個博物館。」

道路旁新設約 180 盞木棉花造型 LED 路燈及景觀步道矮燈，讓照明光線高低層次分明，大大提升行車安全。

位於 145 線旁的興隆毛巾成立超過 40 年，創辦人林國隆堅持
根留臺灣設立品牌。

在震耳欲聾的工作現場，林國隆一一
撫摸這些相伴多年的老機器說道，木
造倉庫外牆開了幾個透明的落地窗，
牆外設有導覽看板和觀景平台，「我
們全程自製，員工都很認真，不怕人
看」。興隆毛巾於 101 年獲得經濟部
頒發的優質觀光工廠獎，102 年因造
型毛巾而榮獲文創精品獎，讓虎尾除
了糖都、布袋戲，還多了 MIT 毛巾。

以假亂真的蛋糕造型毛巾，是興隆毛巾工廠長年的
熱銷商品。

汪令堯表示，因為工程的重心都聚
焦在木棉花意象，附近沒有遮蔽物，
沒有便利商店，也沒廁所，要討論事
情就來觀光工廠借場地，順道休息一
下，才認識了老闆。而林國隆以「做
工人疼惜做工人」的心情，常請大家
喝涼水，時間久了變得熟識，還邀請
工程人員中午與家人一起吃飯。於是
大家變成好朋友，新朋友很快就變成
了老朋友，由此可見雲林人熱情好客。

145 線道路改善工程，也串起在地產業與雲林縣
政府的交流。（左為雲林縣政府工務處處長汪令
堯，右為興隆毛巾負責人林國隆）

全國最繁忙的果菜市場

這次修繕計畫分成虎尾段和西螺

西螺果菜市場為全國最大的蔬果批發市場，每日進出量達全國三分之一。

段，西螺段就是從 12K 西螺果菜市場開始。汪令堯指出，因為西螺果菜市場是全國最繁忙的果菜批發市場，不能因為道路工程而影響果菜批發，會連動影響到北部的蔬菜進量，可說是蝴蝶效應，牽一髮而動全國。本段道路重新刨鋪後，讓往來車輛行駛更感舒適，提升行車品質。

雲林縣是國內最重要的蔬菜專業生產區，全國有三分之一的蔬菜在西螺果菜市場交易，其供應量直接影響國內蔬菜行情。這裡是大盤商與中盤商集中的區域，市場建築共有五大棟，像是迷宮一般，總面積約 10 公頃，也就是約十個足球場那麼大，每日進場蔬菜交易量高達 1,000 公噸以上。

運貨量較小的，就以機車拖曳搬運車及 3 噸半小貨車為主要搬運工具，甚至各式農用車也可以進場；販運商則是收集後銷售，因蔬菜量大，都以大貨車載運。因為各式大小車輛可以直接進出，市場內的車流量不輸市中心塞車路段，因此車輛動線規劃成「入口」與「出口」，而入口處就位在 145 線。

西螺果菜市場是不提供零售的，所以最小的採購單位是「箱」，採購的過程是帶著整疊千元大鈔跟奇異筆，邊走邊買邊寫，看中合意的蔬菜時，會在紙箱外面寫上自家貨車車號，然後再繼續採購下一家；因為盤商們都有提供車配服務，約定好之後直接送到貨車上。由於市場範圍太大，有些買家還會自備腳踏車或機車等代步工具，不然貨品還沒買到，雙腳保證「鐵腿」；而且參觀果菜市場時要繃緊神經，走路時要保持警覺與靈敏度，隨時小心來往的車輛。尤其在下午 1 點到 2 點左右是尖峰期，從全國各地清早開始收集來的農產品正要搶鮮進場。

來看看這個全國最大的蔬菜集散地，你就會明白，為何雲林人可以自豪地吶喊「我們是農業首都」。

嘉義

有感設計

嘉義民雄百年大學之道
護人也護樹
從用路安全到文史保存

嘉 106 線是通往中正大學的必經道路，沿途有著廣闊的鳳梨田，以及芒果老樹所形成的綠色隧道，卻因路型設計不良而經常發生車禍。執行前瞻計畫，改設中央分隔島、移除路樹之後，成為沿線居民的安全之路，對促進觀光及地方產業發展也有所助益。

文字／陳俊文　攝影／謝慕郁

「大學」之名出自四書中的《大學》：「大學之道，在明明德，在親民，在止於至善。」雲嘉南的頂尖大學喜歡把通往正門的道路命名為大學路，像是位於雲林斗六的雲林科技大學和臺南的成功大學；好似比喻成為理想人格的過程任重而道遠。而鄉道嘉106線從民雄市區通往中正大學，30多年前闢建時不免俗的也命名為大學路。

陽光從葉縫溜過，灑在大學路上，兩側檨仔（suāinn-á，臺語芒果之意）樹引路，巧妙地分隔出快慢車道，林蔭大道兩旁鳳梨田無限延展；這樣優美的綠色隧道，經過寧靜的豐收村，看似平凡鄉間的入口道路，卻是通往頂尖大學的必經之路，沿線還有超過300年的五穀王廟、百年的陳實華洋樓與廣闊的鳳梨田等知名景點與產業。中正大學的師生總愛戲稱自己學校是鳳梨田大學，似乎唯有與世隔絕才能做好學問。

菁埔　民雄　豐收村　中正大學　南華大學　大草埔

百年古道與芒果樹

嘉106線的雛型，遠在清朝中後期早已成形，在1898年《臺灣堡圖》中，從打貓街（民雄市區）經過好收（今豐收村），再經過頂山仔腳的旱田（今中正大學），就可以到達陳厝寮庄（今三興村）。經歷明治時期，來到大正年代，細看1921年的《臺灣堡圖》，這條路其實變化不大，但是道路兩旁被標註上許多空心小圓圈，是地圖上標記「樹林」的代表符號，也就是說這條大學路上的芒果樹被註記了身份與年份；如今這些小圓圈，百年後依然屹立不搖，變成分隔汽車道與機慢車道的行道樹，也見證了農村聚落如何蛻變成大學城。

這條百年古道原本會經過好收聚落，後來中正大學興建後整修道路，刻意選擇避開村莊，修築外環道，命名為大學路二段；同時也因為路幅不寬，便在芒果樹外側再增設一條機慢車道。於是廣闊的鳳梨田、芒果老樹綠色隧道，加上英倫式的校園建築，以及偶像劇《流星花園》取景拍攝而聲名大噪的中正大學，曾在網路票選贏得「全臺最美校園」的稱號。

路型設計造成車禍多

不過，嘉106線卻經常發生車禍。「肇事車禍以擦撞為大宗，多集中在9月和10月。」嘉義縣政府建設處道路工程科科長何宜忠表示，或許跟大學新鮮人不熟悉路況有關。細究原由，這條路包含太多的隱形危機，像

> 嘉106線是師生和居民出入的重要道路，由芒果樹組成的綠色隧道，也是當地居民對這塊土地的共同記憶。

歷時百年的嘉106線串起古今，兩旁日治時期留下的芒果樹也見證著農村聚落蛻變成大學城。

民雄鄉是臺灣鳳梨的指標鄉鎮,而嘉 106 線上的三興村又被稱為鳳梨的故鄉。

是芒果樹落果、黑板樹浮根導致路基不平、岔路口多、有些岔路口為彎道且路口太長、快慢車道切換時視線不佳、慢車道太窄、下坡路段等。

「主要肇事路段為三岔路口(大民南路與大學路口)、豐收村牌樓、五岔路口及大學路二段民宅端。」住在豐收村的嘉義客運司機陳先生這樣説道,大學路二段的前後端因為主幹道和舊路交會,形成多岔路口,還有豐收村社區的出入口,都是交通事故發生的熱區。

另外依據嘉義縣政府警察局針對嘉 106 線(台 1 線至中正大學段)路段,105 ～ 106 年的交通事故件數統計,A2 類(造成人員受傷或超過 24 小時死亡之交通事故) 與 A3 類(僅有財物損失之交通事故)合計 133 件,有將近一半的肇事原因是側撞,其餘為同向追撞、酒駕、未注意前車等因素。沒有 A1 類(人員當場或 24 小時內死亡)車禍,而 A2 類與 A3 類車禍明顯偏多,這是快慢車道切換與

分隔島設計不良的肇事特徵,雖然全縣有許多快慢分隔路型道路,嘉 106 線車禍發生頻率實在過高,始終高居嘉義縣車禍數量前三名,主因包括學生騎車速度偏快的人為因素與路型設計雙重因素所造成。

改善機慢車道根本解決

嘉 106 線此路段的機慢車道介於沿途住家與快車道之間,在機慢車道上會有沿線住家的車輛轉入,或是由快車道轉入機慢車道的車輛;尤其在交叉缺口,當視線不清或車速過快時,容易衍生路權不清與交通事故的問題。因為快、慢車以分隔島分道會有視線死角,這是過去道路設計的缺失,造成慢車道過窄無法同時容納汽機車,因此無法強制民眾提早切入慢車道,原本右轉燈號誌容易造成汽機車擦撞,只能消極地提醒用路人行經此路段時需多注意。

「舊有的機慢車道真的太窄,一部汽車就把車道都堵住了,只要發生狀況,後面就整個回堵。」何宜忠説明。此外,當快車道車輛要右轉彎時,會先被道路分隔島的芒果樹遮擋住視線,要會入慢車道時,又因為慢車道過窄,易與機車在岔路發生衝突擦撞;而發生狀況時,因車道寬度過窄,無法提供汽車與機慢車共同通行,也會衍生防災救援不易等問題。

針對快慢車道間分隔島造成視線死角,以及右轉車無法提早切入慢車道的問題,嘉義縣政府建設處決定拆除

嘉106線的兩側分隔島、設立中央分隔島。在工程完工後，不僅汽車用路人的視線變好，同時可強制機車兩段式左轉，有效解決視距不足及路口快慢車衝突問題，提供民眾安全且舒適的行車環境。

未來十年內，附近會有許多重要的公共建設規劃，包含中山科學研究院計畫在民雄設置南部分院，「民雄之森」的都會公園工程，嘉106線和162乙線將成為重要的聯絡道路；消除快慢分隔島的阻隔，規劃專屬的機慢車道將攸關兩側土地發展。在城鄉發展上，滿足沿線住民的出入需求，對促進觀光及地方產業的發展也將造成助益。

嘉106線的道路改善工程立意良好，但改善計畫需要移除安全島上的百年路樹，對於地方而言卻有生活便利與文化保存孰輕孰重的問題。

守護自己土地的記憶

嘉106線是中正大學、南華大學師生和豐收村、三興村居民出入的重要道路，由芒果樹組成的綠色隧道，也是當地居民對這塊土地的共同記憶。「這些芒果樹是1941年（昭和16年）為了慶祝日本建國2,600年，日本政府叫豐收村民在路兩邊種下的。」中正大學傳播系教授管中祥談起這段歷史，其實全島廣植路樹的背後還有一個隱晦的意義，因為當時日本已經發動太平洋戰爭，需要種植大量路樹作為車輛運輸時的自然掩體。

然而時代變遷之後，汽機車使用量增加，慢車道過窄且樹木浮根嚴重，

嘉106線因機慢車道與快車道之間設有分隔島，機慢車道又過窄而容易側撞導致車禍。
（圖為大學路一段，尚維持原道路分隔設計）

造成車禍頻繁。嘉義縣政府在編列前瞻計畫時，以交通安全考量優先，欠缺考慮這裡原本的生活型態、歷史背景與沿線住民，在道路修繕的過程中，引起村民與大學師生的高度關注。「這些樹是我們家長輩種的！」「我們看著這些樹長大！」豐收村民決定守護自己的生活記憶，不希望一覺醒來，昔日熟悉的面貌突然改變。

於是，豐收村民與中正大學師生組成護樹聯盟，為了保留老芒果樹的生命記憶，自己先做功課；有人開始進行在地田野踏查，把芒果樹的歷史背景與聚落的依存關係，盤點整理；有人針對前瞻計畫中導致必須移樹的所有交通安全因素，重新檢視，比如說「交通事故肇事率高」，就從內政部警政署調資料，把肇事地點與頻率調查清楚，比如「機慢車道太窄」，豐

收村民就一段一段都去丈量，然後做成記錄表。

如何達到保留老樹，守護村民共同記憶，又要解決交通安全問題，縣府與居民雙方各有論述，卻也僵持不下，於是修繕計畫在 107 年 11 月 27 日暫停工程。

傾聽對話後達成雙贏

縣長翁章梁一上任後，就非常積極地，採取開放性的態度來處理與面對「老芒果樹要移還是要留」這項難題。經過溝通與對話後，大家開始各退一步，也不再堅持對與錯，而是找尋最好的解決方式。也因為有護樹聯盟的監督，縣府全都繃緊神經，絲毫不敢大意，而護樹聯盟也明確表明，不再是堅持「不能修路」或「一棵樹也不移」的基本教義派，甚至分享實

完成道路改善工程後的大學路二段，設置中央單一安全島，道路寬廣而筆直。

際的調查數據，提出專業的改善建議，希望能夠雙贏，來協助解決歧見。比如說發現車禍的原因，都是在側彎與分隔島缺口，建議可以移除部份老芒果樹、縮小安全島、改種植矮灌木，讓用路人視野更明確。

雙方透過對話、傾聽與討論，雖然已不像最初的劍拔弩張，但仍無法取得共識，翁章梁決定概括承擔這一切，總結出「退回前瞻計畫」、「豐收村公民投票」、「單安移樹」三個方案，希望雙方能夠有最後的共識，才能決定前瞻計畫是否能走下去。最後雙方共識為有條件的「單安移樹」，也就是在保護老樹且移樹後保活5年，在用路安全與公共參與的前提下，朝向設置單一安全島，將老芒果樹移除。最早是要將老樹移種到豐收村，但是部份居民反對，後來選在

民雄鄉的大吉，又因地方偏遠，勢必將造成樹木大量死亡；最後跟中正大學校長協調，選定了校內的一塊地，而這裡恰巧種植著當年闢建大學路時所移植過來的老芒果樹。

老樹重逢 捲動地方參與

「當初蓋中正大學時，原本校園更大，為了要保留大學路這排芒果樹，於是變更設計，將校園內推。」中正大學傳播學系教授管中祥回憶起當年中正大學建校時的場景，在30年前開闢大學路時，就有約30多棵芒果樹移到這邊來。他自豪地說著，「重逢30」也是他們護樹聯盟幫忙所想的口號，為此解套。

「要找這塊地，考慮了很久，後來謝謝中正大學幫忙，還是讓它回家最好。」嘉義縣政府建設處處長郭良

大學路上的芒果老樹被安置在中正大學校園內，為了幫助老樹適應新環境，用黑色網架防曬、樹幹裹上稻草保濕。

中正大學傳播學系教授管中祥，與村民共組大學路護樹聯盟，為芒果老樹請命。

工程單位、縣府主管與民雄鄉公所人員聚集在豐收社區活動中心，與在地村民一起討論，芒果老樹紀念牌如何設置。

有條件的「單安移樹」，就是在保護老樹、用路安全與公共參與的前提下，朝向設置單一安全島，將老芒果樹移除。

江提到。在邀請樹木及道路專家進行評估，並多次召開地方說明會及工程協調會，最終取得共識，將百年芒果樹移植至合適地點，縣府另外自籌1,250萬元移植後養護費用，並且簽訂契約要保活5年。透過政府與公民團體持續對話達成雙贏，成為公共工程的寶貴學習經驗。

30年前，中正大學外圍大學路興建工程移植約30多棵芒果老樹到校內，如今再度移植79棵芒果樹到同一個地點，縣府為紀念兩批老樹「重逢」，於109年6月6日舉辦「民雄老樹重逢30暨懷舊音樂會活動」，為本工程建設譜下完美的篇章。

管中祥表示，早在107年，中正大學就在進行重構大學路USR計畫，恰逢前瞻計畫啟動，在進行護樹搶救過程中，同時捲動了在地居民與中正大學師生的公共參與、共同行動，對地方事務與文史體認更加深切，並化作在地知識學「民雄學」的一部份，未來也將持續運作。另一方面，他也

指出本次道路修繕仍有盲區：大學路一段的下坡路段與校門口，同樣也是交通事故的熱區，尤其是大學路一段的機慢車道中間仍存在一條凹槽，是7年前原本規劃自行車道的油漆線，因為大學生主要的代步工具是機車而刨除，卻導致路面不平整。然而大學路一段並不在此次前瞻計畫的改善範圍內。

此外，當大學路二段的路面拓寬，變好走了，車行速度也提高了，後續該如何運用科技設計與交通號誌去適當地箝制，才能保障沿線的豐收村民；要怎麼安全地橫越大學路，都是下一步要面對的課題。

中央植栽帶新種路樹

目前嘉106線的第二期工程仍在施工中，是從豐收村牌樓到東榮路交叉口的路段，要解決的同樣是路樹問題，不過種植的昂里板樹，也是樹木浮根嚴重導致路面凸起。黑板樹並非臺灣原生樹種，但因生長迅速，遮蔭

效果好，容易看出政績，俗稱為「政
治樹」，省府農林廳時期曾將72年
訂為綠化年，於是各縣市政府一窩蜂
栽種黑板樹。中正大學於78年創立，
同年闢建大學路，在當時的時空背景
下，於快慢分隔島廣植黑板樹。

　　然而20年過去了，黑板樹浮根嚴
重導致路面凸起、破損，甚至根部直
接蔓延在路面表層，產生縱橫向的裂
縫或龜裂，加上雨水侵害與行車荷重
反覆輾壓作用，路面上有大大小小坑
洞。以往為維持行車舒適性，便將老
化龜裂的路面刨除重鋪；也同樣因快
慢車道間分隔島造成視線死角，以及
右轉車無法提早切入慢車道，而拆除
兩側分隔島，改設中央分隔島。

　　工程單位和居民一致同意直接移
除黑板樹，不予保留。「怪手正在挖

嘉106線的第二期工程仍在施工中，位於大學路
二段五岔路口。（右為嘉義縣建設處長郭良江）

（黑板樹）樹根，至少要下挖到地面
下1公尺，要將這些殘根移除。」
郭良江說道，雖然黑板樹已經移除了
100多棵，但是殘根還是深埋在土
裡，如果沒有挖除，未來可能腐爛而
造成地面塌陷。在道路景觀上，透過
新設中央植栽帶，改良土壤、留設樹
穴綠帶空間等方式，改善植栽生長環

從豐收村牌樓到東榮路交叉口的分隔島是種植黑板樹，同樣有浮根問題，為移除特別雇用怪手開挖。

豐收村的信仰中心為五穀王廟。

境，提供路樹更佳的生長空間。新植樹型優美的黃連木 92 棵，打造綠色林蔭道路，提升道路環境的景觀、舒適性及安全性。

至於路基施工的作業進度不如預期，何宜忠表示，因道路施工需移除周邊行道樹造成地方護樹團體的異議，曾暫停工程施工，之後又受到 6、7 月雨季的影響，目前除了第二期工程外，其餘兩項工程都已竣工。可見每段道路的狀況都不盡相同，也考驗著工務單位的耐心。

十年樹木 百年樹人

民雄因為中正大學的設立，而逐步成為嘉義重點發展區域，下一個十年在都市規劃中將以學校為中心形塑為在地生活圈。有趣的是，中正大學設校其實跟同在嘉 106 線上、鄰近的五穀王廟有段很深的淵源。

五穀王廟自日據時期起，因信眾捐贈或自行收購，廟產土地曾高達 170 公頃。而 70 年代中正大學選擇設校地點時，雲嘉南縣市積極爭取，廟方

為回饋在地，慨然捐出 110 公頃土地，其中有超過一半為無償捐出，終讓中正大學順利落腳民雄。「當年好幾個縣市，都爭取中正大學前往設校，多虧五穀王廟幫忙，無償捐贈 60 公頃土地。」豐收村發展協會總幹事娓娓道來這段往事。

「我們的神明，不是穿神明衣，是穿博士服！」如今中正大學已經是國內一流的頂尖大學，感念五穀王廟神農大帝當年的協助，種種事蹟讓中正大學前任校長吳志揚決定頒贈「榮譽名譽博士」學位給神農大帝，並特別依據身形訂製一件專屬博士服。除了感念廟方對於社會責任的貢獻，也有希望師生效法神農嘗百草的實踐意味在其中。於是，民雄鄉豐收村五穀王廟神農大帝，就成為全球第一位獲頒博士學位的神明。

嘉 106 線上立基百年的道路、樹木、廟宇、洋樓或老屋，就像是呼應教育事業的源遠流長，十年樹木、百年樹人，需要時間的積累；也像道路修繕一般，需要與時俱進。

> 十年樹木、百年樹人，需要時間的積累；也像道路修繕一般，需要與時俱進。

嘉義

繁榮創生

串聯嘉義大林、民雄的遊藝綠廊
為未來鋪路
城市構築道路先行

162 乙線是中正與南華大學師生前往大林與民雄市區的重要道路，也是當初興建的目的，而這條車流量頗大，北接大林交流道，中與鄉道嘉 106 線相連，南通民雄工業區的道路，也是交通部於 106 年 4 月新編的縣道，並計畫將沿線打造成遊藝綠廊，成為綠色景觀道路。

文字／陳俊文　攝影／謝慕郁、陳俊文

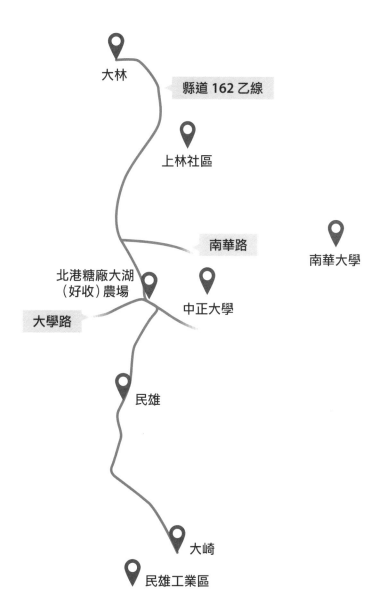

大林

縣道 162 乙線

上林社區

南華路

南華大學

北港糖廠大湖
（好收）農場

中正大學

大學路

民雄

大崎

民雄工業區

　　連接嘉義縣大林鎮與民雄鄉的縣道 162 乙線，由大民北路、大民南路與正大路所構成，是因應中正大學在民國 78 年設校所規劃的周邊道路；幾乎就在同時，大林糖廠的糖業鐵道正逐漸拆除中，而糖業鐵道的存廢恰與 162 乙線的誕生，息息相關。

前身為大林糖鐵陳厝線

　　「從 74 年的地圖看來，現今大林鎮往中正、南華大學的大民南北路皆為大林糖廠鐵道的遺跡！」世居大林的文史工作者張健豐，指證出 162 乙線的前身。他說，為了載運採收的甘蔗，大林糖廠特地開設大坵線及支線陳厝線兩條鐵路，其中大坵線

是對外開放客貨運輸的「營業線」，而陳厝線則是屬於運輸甘蔗的「原料線」，從糖廠一路開往位於現今大民南路與大學路一段交叉口的好收農場辦事處。

這些糖業鐵道的路基雖已拆除，如今都闢為公路，軌跡卻還依稀可循。陳厝線的終點是三叉路口的好收農場，在此收集周遭的甘蔗後，路徑就跟現在的大民南路一致，走到祥賀老人長照中心後，左轉接上大坵線（現在是產業道路），然後經過台 1 線，就快到大林糖廠了，而這條路就是162 乙線北段路基的雛型。

然而好景不常，鐵路的運輸成本逐年提高，運量卻未達經濟規模；再者，鐵道運輸缺乏彈性，無法如公路運輸做到門對門的便利性與機動性，加上人力成本漸增，而大林就位於台1 線上，公路貨運業蓬勃發展，競爭激烈。就在中正大學建校，帶動周邊土地開發與交通建設的浪潮下，鐵道終究抵不過這股潮流，逐漸被淘汰。

通往大林的快速道路

「我覺得開闢這條大民南路，是為了讓中正大學附近的人，能快速連接上大林，然後上交流道。」張健豐提

162 乙線由大民北路、大民南路與正大路所組成，中點與嘉 106 線的大學路十字交會，兩條道路串聯區域涵蓋了四所大學與民雄工業區。

162乙線前身為大林糖廠鐵道陳厝線，其與嘉106線匯聚的三叉路口昔日為集結甘蔗之處，現仍留有好收農場。

出這個有趣的見解。78年中正大學建校時，仍屬偏僻地區，需要透過交通建設來建構對外聯絡網絡。

「大林曾經有五家戲院、兩個營區，以及糖廠，日治時期還有機場。」大林鎮鎮民代表江明赫驕傲地提起大林過往歷史。大林古稱「大莆林」，自古以來就是嘉義北方最重要的交通要衝與軍事重地，若從中正大學出發，鄉道嘉106線的大學路是通往民雄市區的直線道路，那162乙線的大民南路和大民北路就是通往大林鎮的快速道路。

「若是北上，我們就走斗南交流道，若是南下，就走大林交流道，恰好可以避開斗南收費站，省下40元過路費。」江明赫表示，國道1號於67年全面通車，幾乎與台1線平行，可說是臺灣公路的主動脈，在嘉義地區共設有大林、嘉義、水上三個交流道，其中最靠近中正大學的就是大林交流道；因為當時國道沿線仍設有收費站，但嘉義境內沒有收費站，而斗南收費站其實位在斗南和大林交流道之間。在那個遙遠的時代，每個城鎮的居民，對於「如何上交流道，並且巧妙避開收費站」都有自己的一套哲學。

舊路新名與升級縣道

仔細研究地圖，竟然發現路名的變遷，也就是162乙線上的大民北路和大民南路，明明是同一條路，為何會有不同路名？「這條路以三疊溪為界，以北是

大民南路與大學路交叉路口因過於寬闊，新設實體中央分向島以有效引導車流、改善動線。

大林鎮的大民北路，以南為民雄鄉，稱為大民南路，純粹是『奇摩子』（感覺）問題。」江明赫的答案，令人不禁莞爾。

大民北路往北行會接上大林鎮民生路，是條更寬更大的道路，也是大林鎮南外環道，續行可以上大林交流道；而身為支線且蜿蜒曲折，卻又整條路段都是四線大道的162乙線，又有什麼來歷呢？「大林鎮的民生路是隨著85年大林慈濟醫院開工而設立的。」江明赫說道，這條民生路四線道大道，變成大林鎮的外環道，往西可接上縣道162主線，通往大林交流道，往南連接大民北路、大民南路，通往中正大學、民雄鄉和嘉義市，是大林鎮南向對外重要的聯繫道路。

交通部於106年4月將這條道路新編為縣道162乙線，由原本為大林鎮與民雄鄉養護的地區道路，華麗變身為由嘉義縣政府負責的縣級公路。於是這條車流量頗大，北接大林交流道，中與鄉道嘉106線相連，南通民雄工業區的既有道路，變成由嘉義縣政府養護的162乙線，也適時減輕了鄉鎮公所的養護壓力。

美感設計改善行車安全

這條車流量大的四線大道，早就是重要的產業道路，原本的聯外道路變成縣道，道路等級從原本的地區公路提升為次要公路，當然需要符合縣道的許多標準，所以嘉義縣政府透過前瞻計畫將此路段延宕已久的大小問題，一次解決。

「大民北路與南路因原本路面已嚴重跳料，路面高高低低。」專案經理蕭正龍表示，鄉鎮公所在修復公路

時，一般都是回填瀝青混凝土，然而新舊瀝青的黏合度不易發揮，容易產生剝離和粒料分離，這就是工程人員俗稱的「跳料」，讓坑洞再次出現，造成許多路面不均勻下陷；加上路幅寬，路型卻彎曲，確實會影響行車安全。這次的改善工程採取全路幅刨鋪，並配合管線單位的人手孔下地，還特別在地區公路出入口南華路兩側進行植栽綠美化，使得道路平整度與周遭綠帶大幅改善，一勞永逸。

「那個三叉路口，以前是個廣場，用來放甘蔗的。」豐收社區發展協會理事長陳正溪，是從小世居在此的農家子弟，談起這條路的故事。每年年底至隔年 2 月甘蔗收成季節來臨，採收工人便來蔗田採收甘蔗，將甘蔗聚集於拖車，以牛車搬運至好收農場前的廣場，即當地人俗稱的「蔗埕」，就是現今大學路（嘉 106 線）和大民南路（162 乙線）的交叉口，等待一天兩班的糖廠五分車拖運臺車至大林糖場過磅。

大民南路與大學路交叉口原本是一個大型的 T 型路口，但是這個路口實在太寬，整整有 62 公尺。蕭正龍表示，最早將大民南路的中央分向島延長，以縮減路口長度，可是這些設施為臨時性，採用路面劃設槽化線與放置塊狀護欄的方式辦理，而標線對於防止超越的效果不佳。所以，此次工程藉由新建中央分向島，

採用混凝土的形式將原槽化島的空間予以實體化，讓民眾行駛的方向性較明確，也更有效管制並保護用路人。另外，此處實體槽化島採用枯山水的造景，除了增加道路景觀，以白色地面增加辨識度，亦可減少後續維護的成本。

改設機慢車道符合需要

以槽化島為 162 乙線的中間點，北段是民雄鄉的大民南路和大林鎮的大民北路，那南段就是六線大道的正大路，也是 162 乙線路幅最寬的路段，沿途的住家不多，大多是鳳梨田和稻田，但是可以串連民雄工業區，接上 166 線後，還能轉進嘉義市，或是直行上竹崎交流道，可說是來往嘉義市區的專屬道路。

「為了保護機慢車，我們將原本的混合車道變更設計為機慢車專屬車道。」蕭正龍表示，正大路為中正大學通往民雄工業區的必經道路，原本設計為單向三線道配置，最外側的混合車道寬度達 5 公尺寬；而這裡的機車族大多是附近居民與大學生，當機慢車行駛在這樣的混合車道時，因為

> 除了針對路面進行修繕外，亦重新檢討車流、重新配置車道，提升中正大學學生通學道路的安全。

正大路一段為六線大道，途經民雄工業區，到達 162 乙線最南端的大崎，就可以接上國道 3 號的竹崎交流道。

路權不明確，容易產生與同車道行駛車輛併行、搶道的情形。故將外側的混合車道改成機慢車道，以保障機慢車行駛的安全。

此次除了基礎道路工程外，並計畫將 162 乙線打造成遊藝綠廊，運用路側的空間進行植栽，打造為綠色景觀道路，增加整體連續性的綠化空間；也考量到後續正大路整體發展後可保留植栽，並預留人行空間，讓小樹為未來的人行道先塗抹上綠色。原本還要規劃在正大路沿線打造景觀綠廊與市集的形象，以作為民雄市區、中正大學與民雄工業區的聯絡道路，並新增沿線的人行道與景觀節點；蕭正龍表示，在實際施作時，考量沿線聚落發展還不密集，人行道的使用率較低，決定先在正大路一段兩側採施作綠帶的方式，因為此路段有將近上千戶群聚的集合式住宅，人口較為稠密，於是特別針對此區進行施作人行空間與綠帶。

建構大學城的黃金十字

162 乙線與嘉 106 線可說是中正與南華大學師生使用率極高的道路，當初興建的目的，也是為了提供兩所大學能夠快速連結大林與民雄市區的交通。然而過了 30 多年，民雄市區位處嘉義、中正、南華大學及吳鳳科大的主要生活圈，當年的農業鄉鎮，因為產業與人口結構的質變，已經變成中南部的大學城；當 100 年國道 1 號新增民雄交流道，周遭連結的公路系統勢須重新修繕與規劃。

蕭正龍指出，前瞻計畫的主要目標是整體規劃及改善中正大學周邊的道路，在微觀方面，除了針對路面進行修繕外，亦重新檢討車流，進行車道的重新配置，提升中正大學周邊道路使用的安全性，尤其是學生通學道路的安全。而在宏觀方面，將未來周遭的規劃一併納入，考量近年鄉鎮發展與鄰近土地開發，將會有許多重要公共建設規劃於此，加上中山科學研究院也計劃在民雄設置南部分院，於是整修嘉 106 線和 162 乙線，兩條道

南華路是 162 乙線重要支線，通往南華大學，本次路口兩側進行綠帶施作。

工程人員細心地在 162 乙線南華路路口的中央分隔島進行植栽養護，每週至少兩次。

上林盛產烏殼綠竹筍，竹林中還棲息著臺灣特有種諸羅樹蛙，當地居民組成保護隊，共同守護這可愛的生物。

上林社區發展協會總幹事孫家榕示範利用梔子花的天然色素，在家也可製作傳統粉粿。

路有如黃金十字交叉串連了學術、文化、綠帶、生活等，未來可期。

品味慢城大林的無毒家園

105 年大林鎮成為獲得國際認證的慢城，這是從義大利起源的新城市哲學，也是現代人追求的一種生活方式。要成為「國際慢城組織」認證的國際慢城，必須要符合：人口不超過 5 萬、維持純淨的自然環境、推行可持續發展的新技術、保護當地風俗習慣與文化資產、推行健康飲食方式與生活方式、支持當地手工藝人與本地商業的發展、熱情接待外來客人、鼓勵積極參與公共活動、培養公民意識等八大公約。自 103 年花蓮鳳林鎮成為全臺首座獲國際認證的慢城，之後嘉義大林、苗栗三義與南庄也在 105 年獲得認證。

來到大林，必須做個「學習者」，放下自我融入當地，體會並享受在地人的生活哲學，才能真正地遊慢城、品味慢城。沿著 162 乙線（一路愛你）遊藝綠廊，先來到位於大民北路旁的上林社區，讓靈魂沉澱下來，體會社區對於生態、在地照護的用心，傍晚時分再進大林市區，逛逛萬國戲院、泰成中藥行、中藥博物館等，品嚐在地小吃。

「打造一個可以在地老化的無毒家園。」是上林社區發展協會總幹事孫家榕的理想藍圖，進入社區後，便深深感受到純粹的質樸，極目所見不是田野、就是老屋，還有老人家。在老年化人口超過三成的上林社區裡，志工們對老人家每天進行訪視，還有老人共食、長壽俱樂部、獨居老人照顧、轉介、通報，也都具體落實。不

> 105 年大林鎮成為獲得國際認證的慢城，沿著 162 乙線（一路愛你）遊藝綠廊，你可以放下自我，融入並享受在地人的生活哲學。

大林每個月都有慢城小旅行或展演活動，
泰成中藥文物館也是其中一站。

參加活動的民眾也可以體驗親手製作
粉粿剉冰。

只老人家、兒童、新住民，也都列入照顧範圍。社區內共有五個健康小站，由在地住民提供閒置空間而建置，是隨時開放、適合休憩群聚的戶外場所，大家可以自由自在地隨時互動、串門子。

社區以農業為經濟命脈，附近也是全國烏殼綠竹筍的最大產區，因為烏殼綠只生長在純淨無污染的竹林中，在務農的同時，這些中壯年農夫還自願成立「水環境巡守隊」以保護河川品質。「如果能找到大自然共生的法則，病蟲害就有辦法克服，這樣有機無毒栽種方式，甚至比慣行農法的產量還高。」模範農民蘇榮上領軍「無

毒家園」推動小組，協助社區農友以無毒方式種植竹筍、玉米、鳳梨等農作物。

近年，他們還在竹林間發現了諸羅樹蛙的棲息地，並組成保護隊，請專家學者來幫忙授課，開始進行諸羅樹蛙和竹筍生產的共生共存關係，也同時號召具里山精神的社區農友加入，一齊善待這個竹林間的小可愛。臉書粉絲團「諸羅嬉遊記」，就是以諸羅樹蛙為第一人稱，並以第一時間的報導記錄，且不時舉辦夜間樹蛙調查，帶領社區農友們去踏查田間的綠精靈，同時歡迎外地遊客一同參與。

繁榮創生

臺南下營茅港尾歷史廊道

農村再造
重現百年官道榮景

修一條路，也鮮活了 300 年來的常民記憶。臺南下營區道南 63 線的道路修
繕計畫，重新調查並記錄清朝時期官道中途驛站茅港尾的歷史，具象地整修
了鄉里間的主要道路，卻無意間開啟了歷史箱，將人民對土地的情感，巧妙
地連結在一起。

文字／陳俊文　攝影／Ayen Lin

賀建

下營

茅港尾天后宮

官田

寮仔部

走國道 1 號，下麻豆交流道後經過下營，就會來到名為中營的村落，這些與軍隊相關的地名，源自於鄭成功收復臺灣後，派駐各營的部將分發至各地官屯所遺留下來。車子越往前開，路旁景色則越顯濃綠，放眼望去盡是文旦果園和農田；不久便轉入區道南 63 線。

僅僅只有 7 公里長的南 63 線，隱身於鄉里聚落間，彷彿才剛起步，就到了盡頭。然而，這一條路上錯落著大大小小十餘座廟宇，許多廟宇還擁有歷代皇帝的御賜匾額或石碑；工程單位隱約知道其背後的歷史背景，並保存一段綿長的臺灣先民開拓史，才會有前瞻計畫的風景公路與歷史現場的重現。

茅港尾驛站的歷史地位

初入寶地，要先拜地頭，下營區公所與臺南市政府工務局一行人等在茅港尾天后宮會合後，廟方以重禮迎客，在乾隆御筆賜匾「神昭海表」下方，廟祝大聲說出眾人的心願與來意，香煙裊裊，緩緩飄向 1677 年奉請來臺的茅港媽金身。「我們這條路是往返府城和嘉義的必經之道，中途要在茅港尾過一夜。」時任下營區長姜家彬用熱情又自信的口吻，站在清康熙年間的石碑前導覽著。

府城臺南曾是清朝中期重要行政中心，與北方的嘉義縣城相距 100 里路，

時任下營區長姜家彬（中）、下營區公所建設課長林建廷（左一）、臺南市政府工務局黃郁誠股長（左二）一起向茅港媽祈求採訪工作能平安順利。

當時全島只有這條道路可以連接南北各城鎮，提供官員公文往返、休息、補給等，稱為「官道」。當時官道北上的標準走法是：一早出門離開府城，經過西拉雅族的新港社和麻豆社時，平埔族會協助官員搬運貨物或渡河，因為番人須以服勞役來抵稅；走過台江內海的海埔潟湖沙地後再橫渡曾文溪，又會遇到倒風內海諸多支流的阻擋，其中有三條主要分叉支流形成「麻豆水堀頭港」、「下營茅港尾港」和「新營鐵線橋港」的商街聚落。這時天色已昏暗，繁榮熱鬧的茅港尾距府城 40 里，是最好的住宿選擇，所以早在康熙年間茅港尾就設有俗稱「公館」的公家旅館，提供具有公務身份的軍人或官員過夜休憩。隔天中午則在下茄苳（今臺南後壁）打尖休憩，傍晚可抵達嘉義縣城。郁永河曾在《裨海記遊》描述當時的行路狀況，還有漢人、平埔族間的互動關係。

藉由前瞻回顧過往

時光悠悠，300 年過去了，如今這條恬靜的鄉間道路貫穿中營與茅港尾這些農村聚落，其實是下營區東邊最重要的產業道路，沿途都是養鴨、養鵝場及農場，農業機具與貨車都從這條路進出，長期輾壓導致鋪面老舊龜裂。臺南市政府工務局養護工程科股長黃郁誠表示，區公所經費實在有限，只能頭痛醫頭腳痛醫腳，東補一塊、西補一塊，造成整個道路坑坑巴巴；每逢下雨，同樣的地方又壞了，而且越補越大洞。雖然提報災損報修，若遇到梅雨季節或颱風季，修繕

工程總是不能如期完工，對於周遭產業與沿途居民的出入有影響。

再加上瀝青道路鋪築修補完成後，隨著時間演進，材料會逐漸劣化進而導致鋪面產生破壞；臺灣係處亞熱帶氣候，南部氣候為夏季高溫多雨，路面長期處於多雨且潮濕環境，雨天時水分容易侵蝕滲入路面，晴天時路面溫度至少都超過 50℃，導致內部高溫膨脹，衍生出各種大小尺寸的裂縫，於是大小坑洞逐漸生成，影響用路人的行車安全。

這次提報前瞻計畫，就是希望能夠將公路鋪面整個刨除、重新鋪過，也特別邀集熟悉地方事務的地方父母官一同參與。「他們修路，我們做意象。」時任區長姜家彬一語道盡兩者的責任分工。為了蒐集在地住民的心聲，區公所委託專家學者來此進行訪談與調查，傾聽沿路住民的心聲。

「也因為這次前瞻計畫，我們對沿線的傳統街屋和三合院建築，進行調查與記錄。」下營區公所建設課長林建廷表示，重現茅港尾官道需要歷史考證，尤其是當時的建築形式和道路景觀的樣貌，還有在地幾座廟宇舊有形態的考察，根據當時從麻豆水堀尾經茅港尾到鐵線橋一帶的古官道沿線進行盤點。現地因為屬於偏鄉，沒有過度開發，仍保有一定數量的傳統街屋和三合院建築，為避免未來這些建築景觀毀壞，特別進行調查與記錄，未來也可供地方人文地景設計展示的參考。

茅港尾天后宮於明永曆 31 年（西元 1677 年），由先民立簡祠供奉，後經多次改建成為今天的模樣。

合作無間完成全村期盼

「以前清朝時我們這條路、古官道、諸羅、府城、休息站、河港、茅港尾上萬人、但是可惜……」在採訪過程中，這些關鍵字聽了不下數十遍，沿線住民、廟祝、柑仔店老闆、果農、家庭主婦等，大家都說著類似的話語，對於這條路的光榮過往都能侃侃而談，雖因過去而自豪，對於現況，卻感到嘆息。

計畫於 107 年開始籌措規劃，關於意象施作的部份，在下營區公所的召集下，可說是一呼百應。在地文史學者、附近住民、廟宇代表等全都熱烈參與，以何厚增的《被遺忘的茅港尾——四百年史話》為依據，大家有志一同，最終定調為「茅港尾古官道再現計畫」，於是茅營里最熱鬧的社區再造運動，因為這條路的修繕工程就此展開。

歷經多次工作會議討論，公所人員多次的訪查，工程終於正式發包。在施工階段，修路的工務局與負責製作意象的區公所可說是配合無間，比如說遇到管線問題，工務單位就協調台電等相關單位來幫忙解決；至於修路過程中遇到土地問題，區公所就出面挨家挨戶拜訪、協調所有權人，順利取得共識。

因為修繕這條路是全村多年來的期盼，區公所願意與第一線的住戶面對面溝通，協助處理大大小小庶務問題，讓工務局無後顧之憂，專心於道路工程上。區公所與工務局雙方彼此都視對方為幫忙解決問題的夥伴，橫向聯繫與溝通順暢，加上透過區公所從中協調，幫助居民瞭解工程單位施工規劃，因此鄉親都能全力配合或提供協助，使工程順利如期完工。

這次前瞻計畫的施工獲得沿線居民的好評與支持，他們常為在南臺灣豔陽下勞動的工程人員遞上一瓶涼水，在修路的過程中也會幫忙移除一些盆栽或閒置農具，居民更是自發性地同時整理居家環境，共同改造道路兩側雜亂荒廢空地。路平了，乾淨了，心情也舒坦了。

臺南市政府工務局養護工程科黃郁誠股長說明孔蓋下地及調整齊平的作法。

> 修繕南 63 線這條路是全村多年來的期盼，因此在地力量與工務局都視對方為幫忙解決問題的夥伴。

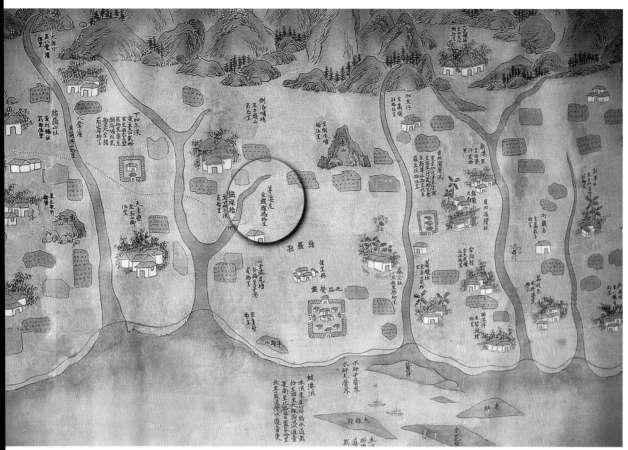

現存最早的彩繪臺灣全圖「康熙臺灣輿圖」中，可以清楚地發現「茅港尾」。

滄海桑田繁華不再

18 世紀的茅港尾，位於倒風內海河港與官道交會處，為府城到嘉義縣城的中間驛站、水路運輸樞紐，也是曾經繁華的萬人城鎮，有「小揚州」之稱。在 18 世紀所繪製的古地圖，包含康熙輿圖或諸羅縣誌都不難找到茅港尾街。據載，當時路兩旁滿滿的房子，最繁盛之時發展出五條市街，秦樓楚館通宵達旦。街的頭尾都有軍旗，清楚地標示著「汛」，這是清代統治臺灣的地方機構，設有官兵守護治安，有點類似派出所，代表此地的重要性。

曾幾何時，19 世紀後的茅港尾，因為上游溪流沖刷，帶來大量泥沙，倒風內海逐漸淤積，形成許多小埤塘，內陸河港荒廢，河運功能喪失，逐漸沒落。20 世紀起，日本人運用鐵路建設加速城鎮現代化時，特別避開埤塘眾多、土質鬆軟的下營，在東邊的林鳳營設站；之後日本人闢建臺灣第一條南北向公路「縱貫道」，也就是現今的台 1 線。幾百年來，因為天然因素與交通改道，滄海桑田，茅港尾完全喪失清朝官道與中繼驛站的

地位，變成一個平凡的農村；而當年倒風內海淤積後形成的小坤塘，現在都變成了養鴨養鵝人家。

茅港尾八景重現觀音廟

其實歷史一直都在，傳說與故事也流傳在鄉里間幾百年了，文史資料早在十多年前已整理完成，但是要重現清朝文人黃清淵在《茅港尾八景追記錄》所描述之八景，無形化為有形，抽象化為具體，談何容易。區公所慎重地邀集插畫家針對古書中經過考證後的場景元素，進行手繪，接著召開多次工作會議，並徵詢耆老意見，進行多次修改，然後請泥水匠於觀音廟現場施作茅港尾八景意象：包含吳園消夏、營盤烽火、竹寺眺晚、暗街夜市、鵝脰採菱、橋頭晒網、東郭踏青、西疇收穫，進行歷史場景重現。

其中「營盤烽火」的意象，經過大家討論後，決定做成鋼板、石材拼貼，以及花崗石石雕的立體意象造景；注視著八景浮雕壁畫，那把橘紅火炬似乎活跳生猛了起來，象徵生生不息的傳承。「這個小公園原是我們宮廟停車場的一部份，特別捐出來讓公所來做意象。」觀音廟總務吳昇哲很滿意這樣的成果呈現。

至於300年過去了，茅港尾八景中還有哪些還保留的呢？觀音廟的廟祝說：「鵝脰採菱的那片菱角田還在。」

茅港尾八景意象與古官道上的三合院老屋，相得益彰，散發懷古幽情。

觀音寺無償提供停車場的一部份，讓工程團隊施作茅港尾八景「營盤烽火」立體造景。

八景的「暗街夜市」中，前有河港、中間是秦樓楚館、後為茅港尾街，一窺當年盛況如小揚州。

下營地區目前仍保有不少埤塘，但大多是養鴨養鵝，也有菱角田，呼應茅港尾八景「鵝腔採菱」。

臺灣最早的菱角田

200 年前的官田還沒開發，當地都是旱田。因為南部地區天氣炎熱，只有春夏兩季才會降雨，南瀛地區東連中央山脈，使得背風的嘉南平原在入冬以後，難得雨水滋潤，這就是「看天田」的困境；這裡原本就是倒風內海的一部份，地勢不高，下營、官田與鄰近鄉鎮陸續開鑿池埤蓄水備用，慢慢成為臺灣南部地區池埤最密集的地方。

雖然「鵝腔採菱」的菱角田還在，鵝卻不在畫面裡，而是用另一種方式存在著。這一帶因為埤塘多，加上烏山頭的純淨水源，因此養鵝人家不少；肥美的白鵝，產地直送的溫體肉，製作出讓人垂涎的蜜汁燻茶鵝。這跟嘉義民雄的白片鵝（鹽水鵝），各有自己的擁護者，一紅一白、一甜一鹹，都是南部最時令的珍饈。

堡頭廟開啟的歷史廊道

茅港媽坐鎮的天后宮，是當地的信仰中心，也是清朝官道上的公館，連北港媽祖要南下府城進香，中途一定會過境夜宿茅港尾天后宮，可見其重要性。「開基媽是軟身的」、「千里眼、順風耳是紙塑的」天后宮總務馮智賢特別說明廟宇特色：兩位將軍頭朝向前方，腳掌卻反轉向後，恭塑為三轉體，是國內罕見。

「阮這間廟，清朝時期是茅港尾的行政中心，所以叫做堡頭廟。」臺灣

在清治時期，縣之下的半自治行政機構是「保」或「堡」，此次前瞻計畫就是從茅港尾天后宮為起點施做歷史廊道，上面有老照片、廟宇沿革、茅港尾歷史，似乎從這裡就可以回到過去。姜家彬特別指出，將「堡頭廟」鑲在公車亭是別有用心，因為這裡是對外唯一的聯外方式，大家都會來此搭車，從這間廟可以通往未來。

廟祝指著公車亭旁，鑲嵌在牆上的一塊石碑，皇清、康熙年間等字跡清晰可見，「這個鐵線橋碑誌，是南瀛地區歷史最早的一塊石碑。」林建廷也表示，在進行前瞻計畫時，最大的歡喜就是民間的大力配合，最大的收穫則是有廟方提出大量古物來佐證古

茅港尾媽金身來自於湄洲，先民於明鄭時代開墾時攜入，
千里眼與順風耳為三轉體，國內罕見。

期待未來以茅港尾天后宮為中心，擴大從麻豆區到新營區的官道重現，串連起南瀛地區官道文化歷史的環境脈絡。

官道。「未來我們還會找經費，來協助這些古物進行鑑定。」姜家彬則撫摸著石獅子的前額說道，「再來，我要把廟口這兩隻石獅子送鑑定。」這兩座以臺灣砂岩雕刻的石獅，全身佈滿歲月所遺留的痕跡，早已看不出原本銳利威猛的模樣。「如果鑑定有過，就是全臺灣現存最古老的石獅子。」從這些話語中，讓人感受到廟方與區公所保存歷史文化的用心，也許未來有機會成立「古官道博物館」。

在廟方施作意象的同時，工務單位也沒閒著，從廟前約 2 公里的道路開始施作，期待未來能夠以茅港尾天后宮為中心，擴大從麻豆區水堀頭到新營區鐵線橋間的官道重現，進而串連起南瀛地區官道文化歷史的環境脈絡。前瞻計畫的道路修繕計畫，具象地整修了鄉里間的主要道路，卻無意間開啟了歷史箱，將人民對土地的情感，巧妙地連結在一起。

從「堡頭廟」公車亭搭車，背景是茅港尾老照片，旁邊立有清康熙年間的鐵線橋牌誌，代表著繼承過去，開往未來。

本路段芒果樹結果期；常有落果發生；請行經此地或停留民眾注意落果及來往人車安全

臺南市柳營區公所 原關市

青右行駛

臺南

有感設計　# 繁榮創生

臺南柳營一望無盡的老芒果樹
可以開戰車的綠色隧道

區道南 **108** 線的修繕計畫，以景觀公路模式提報，納入以樹為本的道路設計，以不改變原本地景地貌的模式，讓 **770** 棵芒果老樹從以往的綠葉配角變成主角。一條公路因為有了這些行道樹，而賦予它更深層的生命意義。

文字／陳俊文　攝影／Ayen Lin、陳俊文

在旅途中，若能有一段路，兩旁是成群成列的老樹，為人們遮蔭領路，是件非常令人心曠神怡的事，我們通常會稱這樣的公路為「綠色隧道」。

最早提出「綠色隧道」一詞的地方在南投集集，小鎮為挽救即將被拆除的支線鐵路，致力發展觀光休閒事業，透過小火車轉型為觀光彩繪列車，並喊出綠色隧道的口號，讓集集成為南投縣造訪率最高的景點，之後臺灣各地的綠色隧道便如雨後春筍般冒出。足見一條道路對於一個地方的發展影響可大可小。

有分隔島的綠色隧道

「車子開到柳營奇美醫院，對面路口會看到太康綠色隧道的大白石，那裡就是南 108 線。」臺南市政府工務局的工程人員這樣說。一經過 M 型隧道入口意象，就感覺和其他的綠色隧道不同，不只是道路左右兩旁種滿芒果樹，連中央分隔島也不放過；而且車子蜿蜒徐行，開了一會兒，怎麼感覺沒有盡頭？

「太康綠色隧道長為 4,472 公尺，寬為 24 公尺，共有 770 棵芒果樹，每一棵樹齡都有 50 年以上，胸徑則超過 30 公分。」臺南市政府工務局養護工程科股長黃郁誠說明。芒果樹排列成行、蒼翠碧綠，樹蔭遍地，故有「綠色隧道」之美譽；民國 81 年由臺灣省政府列入珍貴行道樹之保護範圍，當時每棵樹都掛名牌，是臺南縣最長的行道樹路段；86 年臺南觀光協會更正式把太康綠色隧道歸為「南瀛八景」之一。雖然這條區道

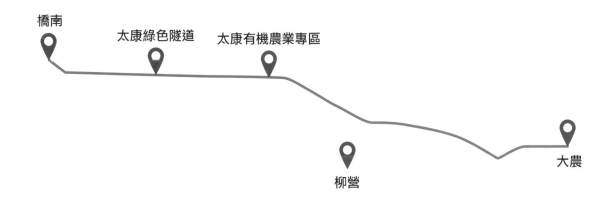

橋南　　太康綠色隧道　太康有機農業專區　　　　　　　　　　　　　　　大農

柳營

南 108 線與台 1 線垂直交會，卻因為沒有連接著名景點，而顯得益發清幽寧靜，只是偶有大型車輛通過。而綠色隧道旁還有一條廢棄的糖業五分車鐵道，為鹽水港製糖株式會社果毅後線，建於 1914 年，路長約 1.34 公里，鐵軌和枕木保留完整。柳營區公所計畫整修這條有百年歷史的鐵道，恢復昔日原貌。

相較於其他縣市綠色隧道的路幅大多是雙線道，南 108 線的尺寸整整大上一倍，路幅 24 公尺，且為四線道（混合車道二、機慢車優先道二），寬到要設置中央分隔島。到馬路中央仔細觀察一下，發現這些都是老樹，許多樹上都掛有號碼牌。「沒錯，這些芒果樹都是同一個時期栽種的。」黃郁誠表示，為了襯托這些老樹，全數保留，一棵都不能砍，還特別邀請景觀植栽專家學者參與設計。

綠色隧道旁,是日治時期遺留下來的鹽水港製糖株式會社果毅後線鐵道。

本次改善工程中,芒果老樹全數保留,編號列冊建檔,並幫老樹做健康檢查。

修繕設計以老樹為主角

黃郁誠指出,有別於早期的道路修繕工程,前瞻計畫中有不少子計畫,都是以景觀公路的模式提報,將公路旁的行道樹的植栽養護一併考慮。「我們早期是考量行車安全,以『用路人』的視野去考量,如今更納入以樹為本的道路設計,以不改變原本地景地貌的模式。甚至將行道樹從以往的綠葉配角變成主角,一條公路因為有了這些老樹,而賦予它更深層的生命意義。」

這次的南 108 線修繕計畫的兩大主軸,首先是以交通安全為第一考量,將路基修繕成剛性路基,以符合運送工業產品的大型車輛負重需求;第二主軸則是以道路兩旁與中央分隔島的老芒果樹為主要考量,特別邀集景觀植栽專家學者參與設計,考量日照特性、島頭視野(中央分隔島島頭的植栽不可高於 50 公分,避免影響視野)及養護成本等因素,選用 30 種、數量多達 63 萬株的耐陰性植栽,來搭配老樹。

臺灣在 79 年就開始執行老樹保護計畫,關於珍貴老樹的認定,前省政府農林廳在調查全臺老樹時列出 3 項標準:樹幹直徑 1.5 公尺以上、胸圍 4.7 公尺以上,以及樹齡 100 年以上的特殊或區域代表性樹種;只要符合其中一項即可。如今中央則交由各縣市自行從寬認定,一般樹齡 50 年以上,大多可以申請為老樹,然後再進行認定。

南 108 線的老樹清一色是芒果樹,屬於熱帶木本植物,擁有生長迅速的特性,可提供良好遮蔭;因此日治時期常在糖廠五分車鐵道旁栽種芒果樹,目的是為了防止甘蔗在運送過程中因為高溫照射而發酵變質;正好可以證明道路最南端的那排芒果樹,是在 1914 年鹽水港製糖株式會社果毅後線設置之後種植的。至於中央分隔島與北側的芒果樹,根據太康里耆老的訪談,則跟日治後期的太平洋戰爭有關。

從日治軍路到民國義士路

「我們這條路,日本時代叫做軍路。」太康里長林國明談起,以前這裡就叫做太康庄,源自於臺語「菜孔」的諧音,這條路通往五軍營庄,並不是軍營,而是地名稱呼,源自於當年明鄭軍隊的營盤。

林國明說,當年日本偷襲珍珠港、太平洋戰爭爆發後,日軍為避免盟軍飛機轟炸,規定每戶住家需在路邊種植5棵樹,且把這條路稱為「軍路」。還有另外一種說法是為慶祝日本建國而進行植樹紀念,西元前660年神武天皇即位,被視為日本開國之祖,2,600年後的昭和15年(1940年),日本政府正巧於此時展示國威,舉行一系列的紀念活動,包括同年的萬國博覽會。

這條「軍路」與縱貫道(現在的台1線)相互垂直,縱貫道就是沿著縱貫線(現在的臺鐵)而修築的戰備公路,在日治時期是可以提供給坦克、卡車、輜重車輛運輸的重要南北向公路;因為是由日本陸軍後勤單位所修築,民間俗稱為「陸軍路」,可說是當年的高速公路。此外,嘉南平原地勢平坦,軍用輜重運輸時毫無任何遮蔽空間,若在運輸過程遇到空襲,往往損失慘重;於是在縱貫道上需要一些疏開空間,以便在白天遭遇空襲時,提供疏散的暫避場域。

從日治時期起,「軍路」就變成這

南108線施作國內罕見的剛性路基,強度可以承受坦克車重量的輾壓。

南108線將以往紊亂的路牌、路燈與號誌燈，重新以共桿方式整頓。

裡沿途住民的俗稱。抗日戰爭後，以陳永華為代表的1萬4千多名軍人在國共內戰時被俘，被編入中國人民志願軍，在參與韓戰中再度被俘；43年1月23日，他們拒返中國大陸，選擇投奔「復興基地」臺灣，被尊稱為「反共義士」，政府特別制定此日為123自由日。50年為迎接出生於柳營小腿腳的反共義士陳永華自韓戰歸來，便將太康至小腳腿路段命名義士路，沿用至今。

把甘蔗水田變成公路

這次南108線道路修繕計畫中，最重要的工程就是剛性路基的鋪設。「這條路兩旁原本都是甘蔗、水田，路基當然不穩，只要大車一過，再遇到下雨天，路就壞了。」林國明提及，道路的前身是甘蔗田，以前都是小客車與小貨車通行，路還算好走。但是自從98年開設柳營科技工業區暨環保園區後，就會有35噸的大型車輛從台1線轉入南108線，再到園區；尤其是每年夏季，路上總是坑坑巴巴的，南部的雨季從6月的梅雨下到7、8月的西北雨，必須要等到秋季都不再下雨了，才能開始修路。這段期間在南108線騎車，非常危險。

為了一勞永逸，黃郁誠表示，決定在南108線施作國內罕見的剛性路基，這種路面強度可以承受坦克車重量的輾壓，就像蓋房子一樣，牆柱裡

公路熱知識

轉爐石

南108線路基填充材料特別選用綠色材料「轉爐石」，來提升道路負重強度。來源為鋼廠轉爐冶煉產生鋼液及轉爐石等副產品，其中轉爐石冷卻後經適當加工後稱為「轉爐石級配料」，可應用於施工便道、整地工程材料、土壤改良、填海造陸、圍堰工程填料、衛生掩埋場、覆土材料等用途。轉爐石是具有環保標章及綠建材標章等認證的綠色資源產品，不含戴奧辛，重金屬溶出濃度均遠低於有害事業廢棄物認定標準，也因此歐美日等國將轉爐石使用在農地與道路鋪築，以及酸性土地復育上。

都有鋼筋做支撐。剛性路基施作時，要先用銲接鋼線網打底，上下左右都有嚴格限制，左右間距 15 公分，鋼線與鋼線的搭接長度 30 公分，鋼線網下方必須預留早強混凝土的澆置厚度，也就是說騰空 20 公分的意思。而且為求路面平整度，以瀝青混凝土銑刨加鋪 10cm，並選用綠色材料轉爐石來取代瀝青粗粒料；這種歐美日常用的施工材料，有提高抗車轍能力，可延長道路服務年限，以及低磨損、高抗滑性、提升承載力、減少噪音等功能。

太康有機農業專區

南 108 線串起的不只是工業區，沿線更有許多有機農場，種植火龍果、蘆薈、有機蔬果等等，讓道路運載的不只是工業材料，更有農業產物。位在美麗的太康綠色隧道旁，有著偌大斜頂營運中心的太康有機農業專區，是佔地廣達 45 公頃，以高科技落實自然農法與有機無毒農業的新農業環境。這裡是全國最早也是最大的示範農場，農友們很感激能和這樣一條滿佈著高大芒果樹的公路為鄰，也慶幸前瞻計畫道路改善工程時，工程單位將老芒果樹全數保留，因為在秋冬時可作為天然屏障，幫忙抵擋吹向南方的冷冽北風，守護著太康農場，常年風和日麗，蔬果生長良好。

「當年蘇煥智縣長，給我們這塊荒地做有機農業，我們就是第一批。」太康有機農業生產合作社理事主席鄭鴻權談起臺灣第一個有機農業專區的設置。「89 年時，大家都不知道什麼是有機農業？什麼是無毒栽種？連法規都還沒健全時，我們就是國內最早做有機農業的團體，45 項的甘蔗田，沒水、沒電，連路都沒有，是政府拜託我們進來開墾的。如今我們有自己的生產組織，裡面有將近 30 家不同類型的果農與菜農、合作社倉庫、供水埤塘、專屬冷藏設施、有機

包裝認證物流場的行銷通路，以及複合式營運中心；由於整區都沒用農藥，自然不怕被鄰田污染，農民排隊搶著要進來。」

專區裡的農民只要全心全意地種植蔬果就好，生產端的瑣事由鄭鴻權負責，他表示專區內擁有超過 20 家的知名農產事業，並與臺南市有機農友、新農人契作生產。而且連集貨包裝廠都取得有機驗證，讓農產品可從產地直接包裝、理貨、冷藏，再運送到各通路門市上架銷售。

推廣食農教育建立平台

除了種植生產，太康有機農業專區尚有複合式輕食特產中心、大健康養生店鋪及市民農園，共四大園區規劃。輕食中心提供的有機農產品，或餐廳的餐點、飲料，都以有機、無毒的食材製成，落實從產地到餐桌的概念。

園區內透過辦理親子採果、焢窯、割稻活動，並不時推出草莓季、羊咩咩餵食秀、假日市集等活動，推廣食農教育、建立有機農業平台，讓民眾到這裡體驗農事、採購有機農產品，享受觀光休閒農業的多元樂趣。

鄭鴻權就指著合作社對面那塊黃澄澄的稻田，上面佈滿了整齊的防鳥線，因為沒灑農藥，農友早已學會與自然共存；這塊由班長蘇雪莉負責耕種的稻田，栽種著臺南農改場「臺南19 號」的新品種，這個被譽為「臺版越光米」的品種收成後，臺南市政府農業局和農改場還聯手舉辦親子食農教育活動，進行割稻與採果體驗。

從綠色隧道到綠色生活，南 108 線道路修繕串起的不只有產業，還有對生活更美好的實踐。

Chapter 4

南區生活圈

高雄・屏東

高雄
Kaohsiung

屏東
Pingtung

高雄｜拓寬接駁雙管齊下　登頂北高雄新景點

屏東｜潮州大橋「好戲」登場

屏東｜都市計畫串聯前瞻建設　安居樂業非夢事

高雄

\# 繁榮創生　\# 風景公路

打通小崗山風景區任督二脈
拓寬接駁雙管齊下
登頂北高雄新景點

曾獲選為《孤獨星球》旅遊雜誌推薦的旅遊熱點，可飽覽岡山平原景致的「崗山之眼」天空步道，自啟用後就掀起高雄市岡山區的旅遊熱潮，並重新帶動阿公店水庫的人氣。為提升道路服務品質，紓解觀光交通負荷，進行拓寬高 28 與高 29 聯絡道工程，展現觀光與產業並重的全新格局。

文字／張筑　攝影／宋岱融

岡山

大崗山

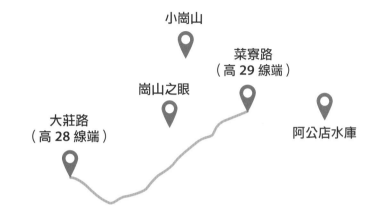

小崗山

菜寮路
（高 29 線端）

崗山之眼

大莊路
（高 28 線端）

阿公店水庫

位於小崗山風景區的「崗山之眼」是高雄市首座天空步道，天空廊道以音樂為設計概念，採用鋼構斜張橋之形式設計，主塔橋的造型就像一把巨大的提琴，鋼索就像是緊繃的琴弦，應和著末端的迴旋梯，如高亢的樂音伴隨階梯節節高升；風起時如柔指拂過琴弦，彷若吹奏著自然的樂曲，黃昏時刻絢爛的霞光，帶給遊客宛如漫步在雲端的感受。

高雄市岡山區水庫路及大莊路（高 28 與高 29 聯絡道）是通往阿公店水庫風景區的主要道路，平時更是往返田寮、岡山、燕巢等農漁產業的運輸道路，但自從民國 107 年崗山之眼園區啟用後，往來車潮爆增，原本僅僅 6、7 公尺寬的道路，就顯得更加侷促壅塞，加上沿途有電纜線在天空中直來橫去，很殺風景。「因此市府希望藉著道路拓寬，提升鄰近觀光景點聯絡道路的服務水準，一方面減少道路交通事故的發生。」高雄市政府工務局說明道路修繕原由。

道路彎窄邊坡陡 大小車爭道危險

位於高 28 與高 29 聯絡道交界的岔路上有個管制點，高雄市工務局指出，所有前往崗山之眼的遊客，都必須在此處搭乘接駁車上山。為了提供遊客更安全的接駁動線，觀光局於園區及

阿公店森林公園的菜寮路旁新設接駁區及停車場，並增加小客車停車位，優化整體交通服務機能。但這樣還不夠，高 28 與高 29 聯絡道路沿著小崗山地勢，一側還是危險邊坡，寬僅 7 公尺，雖然距離只有短短的 2 公里多，但路徑彎彎曲曲，靠近邊坡處雜草叢生，會車困難，不僅頻頻發生行車糾紛，機車騎士也常在轉彎處跌倒。

「3、40 年前岡山地區還有水泥廠的取石區，一開始這裡是礦區石礦的運輸路徑，沒採礦後就作為村里聯絡道路；早期附近有座私人遊樂園，曾經吸引遊覽車往來，但隨著遊樂園沒落，這條道路就只剩下鄰近鄉鎮農漁產品的運輸車輛。直到三、四年前，市府挹注開發小崗山風景區，在阿公店水庫周邊開闢佔地約 9.3 公頃的阿公店森林公園，串連阿公店水庫十景，讓遊客重新關注小崗山，市府也開始小規模改善周邊的道路品質。直到崗山之眼啟用後，車輛絡繹不絕，

前往崗山之眼園區的接駁區，隨著聯絡道的拓寬煥然一新，遊客搭乘接駁車上下山更安全。

道路拓寬後，可避免卡車與機車在彎曲道路上會車的危險。

每 30～50 公尺增設一盞路燈，提升夜晚照明度。

路旁的自然邊坡一遇雨日就易有逕流沖刷泥石，拓寬時同步改善排水設施，有效增加防洪能力。

人車雜沓，但路幅有限、坡度陡、路線彎曲，加上許多載運農產品的大型卡車，造成機車、自行車與用路人爭道，險象環生，改善阿公店水庫和崗山之眼的聯絡道工程就變得刻不容緩。」高雄市工務局進一步說明。

道路拓寬 12 米 人行道好散步

因此高雄市政府早就開始規劃拓寬，並進行可行性評估，惟道路改善總經費高達 2 億 200 萬元，市府財政無法負荷；直到 107 年市府積極溝通公路總局，配合納入中央推動前瞻計畫，並啟動規劃設計作業，希望在水庫路及大莊路拓寬完成後，打通小崗山風景區的任督二脈。

高 28 與高 29 聯絡道拓寬工程總長度 2,136 公尺，以崗山之眼爬坡處為界分為兩段，往左是通往阿公店水庫長堤的水庫路，往右是銜接岡山市區的大莊路。計畫是將原道路拓寬為 12 公尺的雙向機慢車及汽車混合車道與人行道，內容還包括：沿線水土保持設施、排水、管線下地、電信電纜配合預埋等工程。

為了為縮短工期，市府決定左右兩個路段同步施工，先辦理管線下地工程，約兩個月內完工後，每 30 ～ 50 公尺增設一盞路燈，並重新劃設反光標誌及道路標線，讓夜間行車安全也大幅提升。行經該路段的居民、遊客與車輛，對於煥然一新的路況，都表示驚豔不已！尤其是沿著水庫路還有 3 公尺寬的人行道，遊客可以從阿公店水庫或接駁點，散步到崗山之眼，沿途欣賞美麗的田園風光，健身又怡情。

加強水土保持 管線下地難度高

「燈亮、水溝通，是改善道路品質的基本。」工程單位指出，高 28 與高 29 聯絡道沿線，本來都是自然邊

經過艱難的遷桿工程，22 根中華電信電桿終於可以跟路燈整齊排成一列。

坡，一旦碰到下雨、颱風天、邊坡上的逕流夾帶著泥流、碎石，讓路面變得泥濘、濕滑，嚴重影響行車安全。因此拓寬時一併增設排水設施，可大幅改善汛期逕流，增強防洪能力。

由於此路段有許多彎道，在截彎取直的過程中，除了盡可能減少私人土地的徵收，同時考量兩側道路的施工條件，可能往右、往左或向兩邊拓寬，工程難度相對更高。而且施工中必須保持車流的暢通，無法完全封路，需採半封路、半通行的方式，施工期間車流仍可通行，還特別請義交協助維持交通，施工期程可以說非常緊湊。

而往常漫天纜線破壞市容景觀，一旦遭強風吹襲，可能造成纜線掉落或電桿折斷而影響安全，因此近年來高雄市政府積極推動管線下地，希望能恢復南臺灣天空美麗的天際線，在高28 與高 29 聯絡道的施作工程也不例外。「但此路段不同於市區道路，可以局部斷水、斷電施工，這個工程沒辦法這樣做。」高雄市工務局表示。因為路面下有一條 1,000mm 的阿公店水庫專用水管，直通岡山工業區、路竹科學園區，供應工業用水，施工過程中要避免挖到自來水管，還時常要現場做擋水設施，所以施工過程必須緩慢推進。而電纜下地則必須配合台電人力的調配，每天也只能施作 20～ 40 公尺，施工節奏得抓得剛剛好。

這個路段的管線單位，不只有自來水、台電、中華電信，拓寬時還卡到灌溉用的農田水利溝。工程人員指出，大莊路段過去設在道路兩側的22 根中華電信電桿，因為道路拓寬必須外移，但一外移就牴觸到道路沿線灌溉用的農田水利溝，為保護水利溝的結構，工作團隊經過十次的遷桿會議，歷經在水利溝邊先插入鋼樁、強化結構等三階段施工，才完成電桿的遷移，難度也比一般道路工程高。

巷道出入口平整
提升與高鐵淨高

因應大莊路上頻繁車流對居民生活的影響，市府和工程單位特別重視鄰近巷道出入與主要道路之間的介面

是否平整。例如大莊路 7 巷及 11 巷的巷口，原本與主要聯絡道路間有一到兩公尺長的高低差；路面重新舖設後，除了規劃停等區和護欄外，路面平順又美觀。原本老舊狹窄的 5 巷出入口也煥然一新，獲得周邊社區居民極大的好評。

行車在高 29 聯絡道上，時而可以和高架橋上疾駛而過的高鐵列車不期而遇，而這看似浪漫的場景，卻也一度為施工作帶來困擾。因為高鐵樑柱周邊對於任何施工震動，以及橋面與平面道路的距離都有嚴格的規範，以確保行車安全。「一般規定平面道路和高鐵橋面淨高需達 4.3 米，以避免大型車碰撞，但這個路段我們就設計到 5.5 米，安全性更高。」此外，路面下方的路基大部分為咕咾石，極為堅硬，因此施作過程中有 60％的路

> 阿公店水庫風景區擁有臺灣第一座環水庫自行車道，長達 10 公里的環水庫車道串連兩座吊橋及沿途十景。

基獲得保留，也有效降低工程經費。

崗山之眼超吸睛
漫遊阿公店水庫

崗山之眼與阿公店水庫風景區是高 28 與高 29 聯絡道沿線最重要的兩大景點，其中崗山之眼位於岡山及燕巢交界處的小崗山，佔地約 1.8 公頃，園區規劃配合原有地形與環境，營造為自然生態休憩園區，包括天空廊道、音樂花園、市集及碉堡遊憩區等，最大亮點就是造型神似小提琴頭，全長 88 公尺、高度約 8 層樓高，並以 24 條吊索支撐的天空廊道。走在廊道上可俯瞰大小崗山及阿公店水庫，天候良好時還可遠眺 85 大樓及北大武群山，視野相當遼闊。於 107 年 2 月正式開放營運，即獲全球知名旅遊雜誌《Lonely Planet 孤獨星球》

推薦為高雄最佳旅遊景點。

　至於位於燕巢、田寮鄉阿公店溪中上游的阿公店水庫，興建於日治時期（1942 年），初期主要以防洪和農田灌溉為主，兼具給水等功能。水庫壩堤中間有一座巨型溢洪管，是臺灣少見的天井自然溢洪設施，當水庫水位超過溢洪口，湖水會流入天井並自動排洪；天井自然溢洪設施經過改建，取名為「龍口吞泉」，成為阿公店水庫風景區的重要景致之一。其湖光山色與清幽的環境，擁有迷人的觀光魅力。

　阿公店水庫並擁有全臺第一座環水庫自行車道，長達 10 公里的環水庫車道串連兩座吊橋及沿途十景：日昇蓬萊、荷塘曉風、崗山倒影、長堤夕照、龍口吞泉、水漾釣月、煙波虹橋、竹林伴騎、樹影果香、晨鐘暮鼓，無論是暢快地騎單車繞行，或是漫步湖畔都能欣賞到絕佳的美景。尤其是全長 2.38 公里的長堤車道筆直寬闊，不但可以欣賞落日餘暉，水庫旁還有古厝聚落供人思古懷舊，非常適合享受知性的單車之旅。

　至於緊鄰水庫壩堤下方的洩洪口旁，則是由高雄市政府開闢的阿公店森林公園，以攔水堰引水至雨豆樹下的生態池為核心，引水渠道兩岸種滿菖蒲、野薑花等親水植物，成功地營造完整的野溪生態鏈，吸引蛙類、蜻蜓及水鳥等生物到此棲息。佔地約 9.3 公頃的園區內，規劃有森林步道、生態池及兒童遊樂設施，鐵刀木林下種植馬纓丹等蜜源植物，塑造出蝴蝶花園景象，並利用生態重建方法進行螢火蟲復育；漫遊其間，能夠深刻感受生物多樣性的豐富自然生態。

漫步在阿公店水庫全長 2.38 公里的長堤上，晴朗時見雲起，日暮時賞餘輝。

岡山三寶好滋味
老街伴手禮受歡迎

小崗山風景區位於大崗山的南邊，東傍阿公店水庫，南望北屏山，西與漯底山遙遙相對，許多人在暢遊大小崗山風景區後，都不會放過到緊臨的岡山市區，品嚐小鎮聞名遐邇的岡山三寶和在地伴手禮。

岡山區位居田寮、燕巢、梓官等農漁產品交會之處，大小崗山山區又盛產龍眼，因此蜂群採蜜釀製而成的純正龍眼蜜，風味獨特，品質極佳，是當地著名的伴手禮。而周邊山區土產羊肉富有彈性、肉質甜美，加上多樣化的菜式，造就出岡山羊肉的盛名；舉凡帶皮羊肉爐、當歸羊肉、羊肉米粉、麻油羊肉、羊雜湯等料理都很受歡迎。而各式羊肉佳餚不可或缺的佐料豆瓣醬，當然也成為饕客的心頭好。除了品嚐岡山三寶，也不妨走一趟岡山老街，遍嘗更多的風土好滋味。

阿公店水庫擁有全臺第一座環水庫自行車道，也很適合散步賞景。

岡山山區土產羊肉富有彈性、肉質甜美，因此頗富盛名。（攝影／楊智仁）

阿公店森林公園以生態池為核心，兩岸種滿菖蒲、野薑花等親水植物。

屏東

屏東漫遊小鎮風情
潮州大橋「好戲」登場

以高雄為起點的台 88 線銜接國道 3 號，是直奔國境之南恆春的快速道路，而
途中行經的潮州和竹田則是「高雄潮州鐵路捷運化計畫」的重要樞紐。沿著昔
日軌道下方的自行車道前行，伴隨呼嘯而過的火車，行經潮州大橋、跨越東港
溪，一旁是稻田、果樹和椰林交織的南國風情，彷彿進入一段緩慢行旅。

文字／張筧　攝影／Ayen Lin、楊智仁

在許多人心中，屏東就是臺灣海水最藍、陽光最熾熱的度假勝地；但轄區南北兩端距離超過100公里的屏東縣，不只包山包海，還包含33個鄉鎮，每個鄉鎮都有其獨特的人文風情和景觀特色，也是熱愛旅遊者的探索樂園。近年來小鎮漫步、單車遊程、特色美食、文青風物等多元旅遊型態，也把許多遊客從極負盛名的風景區，帶往鄉間小鎮，其中潮州的特色美食和竹田驛站的風情，就深受遊客的喜愛。

跨域銜接慢遊鄉鎮

「正因為慢遊帶來的風潮，讓許多小鎮變得很夯，很多單車族利用半天、一天的時間，避開主要幹道，沿著自行車道系統騎乘。途中到潮州吃遠近馳名的冷熱冰、去竹田喝咖啡，或是利用週末假日到潮州找名店用餐兼休息，分享親子時光，還能順遊竹田驛站，這讓聯絡鄉鎮間的道路系統變得很重要。」屏東縣政府工務處養護科科長張翔傑指出，竹田和潮州都是屏東熱門的慢遊

新北勢

屏 85 線

竹田

竹田車站

打鐵　潮州大橋

泗林林道　　　　林後四林平地森林園區

潮州

屏 75 線

社皮

鄉鎮,而跨越東港溪的潮州大橋就是往來兩地最重要的橋梁;一端是竹田的鄉道屏85線,另一端則是潮州的屏75線,同時也是屏東縣鐵路、河堤及國道三個系統自行車專用道交會之處。

可惜的是,過去的道路景觀沒能夠展現出「跨域」銜接的特色,因此中央從民國106年起啟動前瞻基礎建設計畫時,屏東縣政府就積極向交通部公路總局爭取提升道路品質建設計畫(公路系統),其中包括潮州大橋意象更新,以及屏75線、屏85線道路景觀的改善,就是要提升往來竹田、潮洲兩個觀光小鎮及周邊遊憩據點的道路服務品質,配合電纜下地、路燈號誌共桿化,在遍植中東海棗的

分隔島為視覺焦點下,展現南國風情,為小鎮觀光帶來新的氣象。

潮州大橋夜晚更美

跨越東港溪的潮州大橋,位於竹田系統交流道銜接潮州市區與國道3號橋下道路串連台1線的樞紐位置,它的改造就像是這一系列景觀道路工程的靈魂。屏東縣政府工務處指出,潮州大橋興建已久,橋體結構安全不是問題,但兩側混凝土護欄已經破舊不堪,油漆也嚴重剝落,像脫了層皮似的,非但稱不上是潮州的門面,更無法展現跨域銜接的特色。

為了重塑潮州大橋意象,改造時工程單位將橋體兩側老舊的水泥護欄拆除,改採更輕量、穿透性更佳的的鋼

鐵護欄，微微彎曲的幅度結合東港溪的藍色水流的意象，讓潮州大橋煥然一新；而彷彿戲曲帽造型的橋頭堡，更融入傳統戲服的繽紛色彩和水袖般的線條，讓人不得不多看兩眼，也成為進入潮州鎮入口亮點。「進入潮州就是進入戲巢！」張翔傑說明擷取戲曲元素加入設計的原因。

「夜晚的潮州大橋更漂亮！」潮州大橋的新妝，還搭配新式 LED 模組燈具來施作照明光雕，使橋梁變身成為璀璨絢亮的夜光彩虹，凸顯夜間意象。但為了不影響行車安全，縣府養護科和工程單位還花費長時間，檢視燈光亮度、跳色的變化、頻率，反覆測試 LED 模組的燈光效果，設計出 38 種變化的模式，每個月都可以

變換燈光效果，也呼應不遠處鐵路橋上列車行駛經過的光影效果，夜晚比白天更亮麗，很受地方上的歡迎。張翔傑表示，「即使有了炫麗燈光效果的潮州大橋會比過去多了一點電費支出，但潮州和竹田兩個鄉鎮公所經過協調，都同意各自分擔一半，令人足感心。」

單車鐵道樂活行旅

耗資 245.65 億的「臺鐵高雄—屏東潮州捷運化建設計畫」（簡稱屏潮計畫）中，將屏東至潮州間 19.3 公里的平面鐵道高架化，在 104 年 8 月完工通車後，屏東鐵路沿線 24 處平交道將不再受阻隔，潮州也成為西部幹線電氣化新起點及始發站，每天超過 107 班潮州至新左營站間便捷的通勤系統，把屏東及高雄地區緊密連結成為共同生活圈。而潮州大橋和屏 85、屏 75 線也扮演往來竹田、崁頂、潮州

的重要道路，周邊地區還有由舊潮州郵局改建的屏東戲曲館、潮州建基老街及舊鐵橋、竹田火車站與達達港遺址等重要人文景點；至於屏 75 線後半段高架橋下，更是屏東縣內國道、鐵道及河堤系統自行車路網的交會處。

過去因鐵路穿越國道橋下未設置平交道，導致自行車道路線中斷，需繞道經由縣道 187 線及旗官路轉折後再接回橋下道路，造成交通瓶頸路段及用路人行車不便。106 年底屏潮高架鐵路通車後，縣府向交通部公路總

高雄—屏東潮州高架鐵路通車後，下方規劃為單車鐵道，吸引許多車友，部分路段還能與火車伴行。

> 屏75線運用國道3號橋下空間，延伸自行車道，騎士不必與車爭道又能安心欣賞風景。

潮州大橋是單車族必經路線，高架橋下也是居民運動散步之處。

局提報道路改善計畫，協調鐵路局移設平交道，並於187線橫交處、沿國道3號橋下空間，新闢長度約160公尺，路寬20公尺的道路，將昔日受鐵路阻隔路段打通銜接。不僅簡化行車動線，節省時間與距離，也完成自行車道最後一哩路的串聯。

近年來屏東積極推動單車旅遊，規劃出多元的單車路線，尤其是利用國道下方空間規劃的全臺首座單車國道，可以免於日曬雨淋，廣受好評。

「車友們一路往南騎到潮州，不但可以享受美食，回程累了還可以搭火車，使得潮州餐飲、美食餐廳都十分火熱。高雄—屏東潮州高架鐵路通車後，下方規劃為單車鐵道，又吸引更多的車友。」張翔傑指出，潮州大橋串連屏85及屏75線，也是單車族必經路線。這兩條道路景觀改善後，

從台88線下來進入屏75線與國道3號橋下道路（五魁寮段），循著新的入口號誌與路線指標，迎面而來的是以中東海棗及花旗木為主體的複層植栽的中央分隔島，其間並設置有自行車道、槌球場與休憩停留空間，佇立在岔路口，總能見到伴隨著高架火車行駛的單車族馳騁其間，好不快活。

其中以「靛色」為標誌的單車鐵道從高屏溪畔六塊厝站出發，沿鐵道經過屏東、歸來、麟洛、西勢、竹田、潮州各站，騎乘在高架橋面下的專用單車道，不怕任何車輛爭道；而沿線的各種彩繪和藝術裝置，更不時有視覺上的驚豔。不但每站均有設置腳踏車租借服務（除西勢站外），而且沿線六個火車站也新設置了電子憑證系統，也就是用悠遊卡、一卡通就可以輕鬆暢遊！

號誌共桿南島綠廊

就像尋常的鄉鎮道路，屏85及屏75線沿線三、五步，就是路燈、號誌、路牌、標誌、電桿，天空還有縱橫交錯的電纜線。

「在路幅無法拓寬的限制下，要改善道路景觀，就要重新配置道路設施和進行新的植栽計畫。這次藉由前瞻計畫，把不同單位的需求整合成共桿，全面改善道路景觀，營造出進入觀光小鎮的新意象。」屏東縣政府工務處指出，在經費不足的情況下，僅能做到橫向電桿下地，基礎台也要盡量移至路口處，避開私有土地，因此設置距離和點位都必須再三斟酌，但最痛苦的還是不同單位，需求不同。「警察局有保安的需求，要裝監視器和道路號誌、路牌，有台電、有線電視、中華電信的電纜線，線路、器材、設備等進場施工的時間不一，協調相當困難，甚至造成工期的延滯。」施工期間為了維持道路交通流暢，所做

的行車調控也往往造成用路人不便，甚至引起民眾的抱怨。

不過等待是值得的，屏85及屏75線道路景觀改善，就包括管線地下化、路燈號誌共桿、標線標誌整合改善、自行車道通行空間友善性及公路美學整體設計等多項計畫。為了營造出南島般的綠廊意象，工程單位重新配置兩側綠帶植栽，原本雜草叢生的分隔島、路肩，以及屏85線與台1線槽化島及中央分隔島都重新種上了中東海棗及花旗木，整條路線洋溢著南島風情。

配合明亮劃一的共桿號誌和新式路燈，一改過去各式電桿林立的面貌，也讓蒞臨民眾感受不一樣的潮州門面。就連屏75線路旁太平路600巷、緊鄰東港溪河堤一處雜草叢生的閒置空間，經過整體規劃，移除部分影響景觀的電桿後，也種植灌木、舖上草皮，形成複層植栽，新舖的人行步道和原本的涼亭、大樹和河堤坡道形成

屏85及屏75線道路景觀改善，包括管線地下化、路燈號誌共桿、標線標誌整合改善等，打造出南島綠廊意象。

屏東戲曲故事館結合傳統戲曲活化老建築。（攝影／楊智仁）

一處錯落有致的休憩角落，也增添一處新亮點。

感受戲曲文化漫步林道

以前很少人專程來到潮州遊憩，但隨著交通條件的改善，現在有更多人專程前來享用一甲子的沙茶火鍋老店，或找尋手工甜點名店、庭園咖啡廳享用下午茶，多元豐富的小鎮美食，絕對能滿足遊客的味蕾。而屏東戲曲故事館可以讓你穿上戲服過過癮，還可以前往泗林林道，體驗漫步小葉欖仁的清新氣息，感受田園氛圍。

國內知名的明華園歌仔戲、光鹽皮影戲與明興閣布袋戲等三大戲劇，都是發源於潮州，當地早有「戲窩」的盛名。因此，以這三大戲劇資源為基礎的「戲劇源鄉、文風小鎮」亮點計畫，把潮州視為南臺灣表演藝術與傳統戲曲的搖籃，屏東縣政府也將位於鎮公所旁的舊郵局，注入了傳統戲曲的靈魂，結合傳統戲曲與老建築的修繕，蛻變為縣內第一座戲曲故事館，成為非常重要的文化資產。

屏東竹田是個純樸的客家聚落，竹田車站興建於 1940 年，是臺鐵屏東線唯一保留的日式木造車站。

　　屏東戲曲故事館是潮州僅存、見證歷史的官署建築物改建，前身是日據時代的庄役場，而後作為郵局之用；這棟清水磚砌搭配洗石子的日式歷史建築，在注入傳統戲曲的靈魂之後，成為一處可以跨越時空，穿梭古今的生命舞台，也讓傳統戲曲在歷史場域甦活。戲曲故事館的主軸為以歌仔戲、皮影戲、布袋戲三大主題，運用多媒體影像及裝置藝術，呈現潮州傳統曲藝發源的脈絡，同時也展示相關的服裝與道具，並有相當專業的導覽服務，好看又好玩。

　　而潮州的三平咖啡據說是屏東最值得報到的特色咖啡館，濃烈的日式庭園加上江戶風格建築，讓人有種一秒到日本的感覺；館內所見的桌椅、彩繪磁磚、磁盤、窗櫺擺飾、繪畫等幾乎都是店主楊文正與妻子的作品。館內提供好喝的咖啡、甜點，再加上日

小葉欖仁夾道的泗林林道是鐵馬族的私房路線。
（攝影／楊智仁）

舊碾米廠改建的咖啡店——大和頓物所。
（提供／大和頓物所）

本氛圍的空間，讓人難忘。

　　長達 1.2 公里的泗林林道，則是泗林里為響應政府推動一鄉一特色，向農委會爭取經費，沿著林後路種植的 500 多株小葉欖仁樹；十年樹木，如今這些夾道成林的小徑，因為林蔭景致優美，成為鐵馬族的私房路線，也吸引不少鎮民來此慢跑、散步。至於 103 年 6 月才開園的林後四林平地森林園區，距離泗林林道車程約 10 分鐘，是具地方特色、符合生態、節能減碳的多元生態知性園區；園區內擁有寬闊的草原和裝置藝術地景，規劃多條健行步道與自行車道，適合親子遊憩及生態行旅。

竹田驛園懷舊思古

　　屏東竹田是個純樸的客家聚落，竹田車站興建於 1940 年，是臺鐵屏東線上唯一保留日式木造站房的站點，目前規劃為竹田驛站文化園區，園內除了木造火車站，還保留了候車室、穀倉、碾米所、澡堂和古井，以及由廢棄鐵路倉庫規劃的李秀雲先生攝影紀念館、池上一郎博士文庫、竹田文化館，使得竹田驛園除了濃厚的古樸之美外，也展示了在地文史的內涵。

　　位在竹田驛站旁，幾乎被旁邊樹叢隱蓋的咖啡店，就是屏東知名咖啡館——大和頓物所。「頓物」是客家話屯東西、屯米的地方，而其所在地原本是德興碾米廠，由於早期竹田是稻米集散地，因此碾米廠到處林立，由此可見當時農業發展的盛況。咖啡廳利用原本額坯的牆面和鋼骨，用大面積的落地窗打造的玻璃屋，營造店內的咖啡空間，藉由綠化和玻璃屋的結合，讓人感覺到跨越時空的悠然之感。

　　登上大橋，走入小鎮，無論是開車、步行或騎單車，路都鋪好了，只需選擇你喜歡的速度，走入屏東。

屏東

\# 繁榮創生　\# 風景公路

屏東充滿四季風景的緩慢公路
都市計畫串聯前瞻建設
安居樂業非夢事

屏東縣政府透過前瞻計畫爭取經費，才有機會翻修全縣 27 條道路，其中 189 線、189 甲線及 187 甲線藉由道路修繕刷新了觀光風景線，透過橫向天際線下地、共桿路燈和栽種行道樹重塑，讓道路在四季當中呈現不同風景，引導旅客進入農漁村落，喚醒對於田園情趣的美好記憶。

文字／張覓　攝影／Ayen Lin

屏東機場

高屏溪舊鐵橋

六塊厝車站

屏東市

大洲

189 甲線

萬丹

189 線

中庄

崙頂

林邊

189 及 189 甲線

串連高屏溪畔 四季景觀皆美

　　秋高氣爽的 9 月車行過高屏大橋，映入眼簾的粼粼波光與河床上的白色菅芒草相互輝映，過了橋右側隔著綠籬是遼闊的高屏溪河床。縣道 189 線作為屏東加工出口區聯外道路，串連著屏東航空站及周邊社區，也是屏北各鄉鎮重要的聯絡道路。因為避開了屏東市區，行人少、紅綠燈少，不管汽車或砂石車的行車速度都超快，所以有著「機場外環飛機道」的稱號。

　　「189、189 甲線沿著高屏溪，串連屏北的內山公路（台 3 線），向南延伸到台 88 線底，走這條路可以不用經過交通壅塞的屏東市區，所以車行速度特別快。但也因為緊鄰高屏溪和周邊景點，縣政府希望透過景觀道路的規劃，讓民眾能藉由道路植栽的四季變化，感受公路之美，同時也讓車速慢下來。」屏東縣政府工務處科長林子陽表示，公路系統就好像城市的血管，一旦太重視交通功能，造成道路不斷地拓寬，車輛奔馳，讓人們幾乎忘記早期道路的樣樣。所以縣長潘孟安希望藉由前瞻計畫，在屏東市區外圍建構一條具有門戶意象的景觀道路，用綠色元素喚醒人們對於田園情趣的美好記憶。

調整車道寬度　提升慢車安全

189 及 189 甲線一路串連周邊的加工出口區、空軍基地、凌雲三村、大鵬七村等眷村，以及六塊厝車站，往西則到萬丹「板凳故鄉」的崙頂村。這條本只有兩線道約 10 米寬的道路，因車流量日益增加，已於 99 年拓寬為四線道，路幅有 30 公尺，串連台 1 線和台 3 線，全長約 8.8 公里，沿線不僅道路寬敞、紅綠燈少，車行速度也變快了。

相對之下，原本的快慢車混合車道對每天行經這個路段的機車或自行車，就沒那麼友善。林子陽指出，189 線路幅寬闊，但兩側植栽恣意生長，影響到外側慢車的安全，甚至出現植栽及路燈佔用人行道空間的不合理配置。因此在前瞻計畫道路設計中，就針對不同路段的安全需要，重新擬定植栽計畫，形塑旗艦型的景觀道路。

「快慢車道混合，車速又快，對機車騎士形成相當大的威脅。」因此 189 甲線的改善便依據不同路段的交通流量，設置中央分隔島，縮減快車道路幅，調整出汽車道和 3.5 米寬機慢車優先的混合車道，大幅提升機慢車的行車安全。而兩側草溝的規劃，植栽移植、補種，增加了雨水滲透及儲留的機會，電纜線也全面下地，嶄新的道路標線和清朗的天際線，展現出帶著南國氣息的大道意象。

電纜線齊下地　行道樹開花美

「道路安全，燈亮水溝通，天際線整合，打造屏東的網美大道。」是屏東爭取前瞻計畫改善道路品質的重要目標，其中電纜線下地更是一項重要指標。林子陽說明，屏東是觀光大縣，但許多通往觀光景點的道路放眼望去，天空中遍佈錯綜複雜的各式纜線，遮蔽住長年湛藍亮麗的天空。

而橫向電纜線下地後，從高屏大橋進入屏東市，迎面而來的是洋溢著南國風情的椰科植物；車行轉進 189 線，人行安全設施改善及中央分隔島拓寬，以複層植栽手法在分隔島及道路兩側補植阿勃勒、花旗木等開花喬木。假以時日，隨著花期的到來，

屏東希望建構具有門戶意象的景觀道路，讓民眾藉由四季變化感受公路之美，也讓車速慢下來。

189 線將不再是塵土飛揚的道路，而是 3 月有如櫻花般的花旗木盛開，7、8 月有黃色風鈴般的阿勃勒，冬季則是開著粉紅色花朵的美人樹，隨著四季花序變換容貌的繽紛大道。

189 線還有個特別之處，就是部份路段雙向路基有高低落差的情形，因此出現雙邊車道高度不同，靠機場邊的車道較高，靠河邊的地方較低，而此特色在景觀工程營造上也被充份利用。原本單調的道路邊坡上，每隔幾公尺就開挖出一個個樹穴，種下紫花馬纓丹及薜荔，循著邊坡蔓延生長，在微風吹拂下，更加搖曳生姿。

雨水街道工法 綠籬代替混凝土

來到 189 甲線，8.7 公里長的堤防路段，除了橫向電纜線下地外，道路

道路邊坡每隔幾公尺就開挖樹穴，種下紫花馬櫻丹，
未來將隨著季節盛開。

189甲線的自行車專用道，在綠蔭植栽的一路相隨下，串連東港鎮大鵬灣海岸，是單車愛好者不可錯過的騎乘路線。

高屏溪舊鐵橋是由日籍工程師飯田豐二設計興建，橫亙溪流上的舊鐵橋向來是高屏溪上最美麗的風景。

兩側及分隔島也加強行道樹的栽種，工程單位更敲除傳統、冰冷的混凝土中央分隔島，改以草溝綠帶，加上美人樹的組合做為雙向車道的分隔島；原本種植在分隔島的臺灣欒樹移到道路右側，更優雅的綠廊，依傍著左岸自行車道的規劃，視野更加寬闊怡人。林子陽進一步說明，「我們引進國外的雨水街道工法，打掉中央分隔島的混凝土，重新規劃以草皮灌木複層植栽作為分隔島，讓綠帶和路面齊平，不僅可以充分利用南臺灣充沛水源，讓雨水滲入，大大減少人工澆灌，是相當符合自然生態上的工法。」

至於中央分隔島也改採鋼索護欄，以草溝綠帶加上灌木草花，道路設施輕量化，穿透性更高。中央分隔島變綠、變柔軟了，但也令習慣硬式結構的居民十分緊張，擔心安全性不足；經過施工單位多次溝通說明，民眾才慢慢接受新的作法，也感受到道路景觀隨著花樹的生長，帶來煥然一新的改變。

這項道路景觀工程還有一個亮點，就是崇蘭圳加蓋段（老鷹高爾夫球場旁）。這裡原本是位於台1線旁一處雜草叢生的閒置空間，因鄰近臺鐵六塊厝站，縣府為了串連屏東南北向自行車道，就新闢為綠色廊道。在廊道入口處，以南方常見的棕櫚樹為入口意象，規劃有慢車及行人專用道。在台1線車水馬龍喧囂中，提供自行車族中繼休憩外，也已經成為周邊居民散步遊憩的綠色走廊，而步道兩側遍植的紅花風鈴木，在春季盛開時，將為這處綠色廊道帶來更多粉紅嬌點。

鐵道文化公園 左岸自行車道

189線左側是高屏溪，橫亙溪流上的舊鐵橋向來是高屏溪上最美麗的風景，循著路旁檸檬桉樹夾道的林道進入遼闊的溪床，有濕地、有寵物公

189甲線為讓道路設施輕量化,將中央分隔島改為以鋼索護欄結合草溝綠帶。

位於189線旁高屏溪遼闊的溪床,打造成鐵道文化公園,保留許多舊時的鐵道元素。

園,原本就是一個很適合下午時分散步、賞鳥、賞夕照的好地方,也是108年國慶煙火的施放場地,而這裡最吸睛亮點是橫跨高屏溪上新舊鐵橋的綺麗風光。

高屏溪舊鐵橋原名下淡水溪鐵橋,由日籍工程師飯田豐二設計興建,1914年正式啟用時就是當年遠東地區最長鐵橋,擔負高屏兩地鐵路運輸重任超過一甲子,於76年正式除役,目前為國定古蹟。為了重現這段火車行經舊鐵橋的歷史,屏東縣政府利用過去鐵路局退休人員留下的數棟房舍,向中央申請下淡水溪鐵橋鐵路眷村改造計畫工程補助,打造鐵道文化公園。園區以鐵道橋為主題,遊客

不但可以漫步在鐵橋上,遙望新橋上南來北往疾駛而過的列車,周邊還保留許多舊時的鐵道元素,有鐵道五分車、拋接路牌、土堤,以及搭配燈會藍皮火車、立體動物火車、貨櫃式廁所彩繪、意象小屋,整體周邊景觀煥然一新,也成為攝影師取景、熱門的IG打卡地標。

遊客也可以踩踏著單車,循著高屏大橋下方189線地上的藍色標線,轉進高屏溪左岸自行車道;每年中秋節前後,高屏溪沿岸就會出現由甜根子草開花而成的花海,白茫茫一片,相當詩情畫意。這條沿著高屏溪,北起內埔鄉水門,南至新園鄉的高屏溪左岸單車道,地勢平坦,騎乘時難易度適中,視野開闊,搭配河畔吹拂的微風,令人心曠神怡。一路徜徉在189甲線的自行車專用道,在綠蔭植栽一路相隨下,串連至東港鎮大鵬灣海岸,是單車愛好者不可錯過的騎乘路線。

187甲線

橫向天際線下地 重現大武山之美

比起六都的建設經費充裕，屏東一年道路養護僅僅2億
元，經費有限，必須平衡全縣使用；除非在人口密集區，
長期以來非都會區道路在有限的經費下，大多以巡查方式
分段修補，維持最基本的用路安全。透過這次的前瞻計
畫，縣府爭取到11億餘元，才有機會針對全縣27條道
路翻修；而更重要的是可以藉此機會，將連繫各觀光景點
的道路，透過橫向天際線下地、共桿路燈和栽種行道樹，
加以重塑，讓道路在四季當中呈現不同的風景，引導遊客
進入農漁村落。

架空電線地下化 電箱難處理

「但道路品質的提升不只有鋪設柏油那麼簡單，一邊要
改善路基，達到路平，一方面要將電線地下化，美化道路
景觀，才能讓民眾感受到生活品質有什麼不同。」橫向天
際線局部下地，最大的挑戰就是熱鬧的地區街道施工，影

187甲線和丙線的橫交架空電線地下
化工程完成之後，在這條景觀道路
上的天際線重現了大武山之美。

在有限的經費下，光是電纜線橫向下地，就能讓道路景觀煥然一新。

龍泉

屏東科技大學

內埔

六堆天后宮

下蚶堤防

響民眾生活。屏東縣政府養護科科長張翔傑表示，縣道 187 甲線（大同路）位於內埔鄉，往北通往鹽埔及三地門鄉、往南通往萬巒及竹田鄉，是連結客家、原住民等聚落及屏東科技大學、內埔工業區產業聚落的重要聯絡道之一，周邊的北寧、東寧與南寧路都屬於鬧區，整整一年多的施工期間鄉民生活影響相當大。但工期結束後，鄉民皆直呼：「真的不一樣了！」

「一開始真的被罵慘了！」張翔傑回想。187 甲線串連的觀光景區包括位於內埔的六堆客家文化園區、屏科大和內埔市區的天后宮、昌黎祠，沿線在兩側行道樹的襯托下，遠處便是大武山的美麗稜線，但因為沿途各種電纜線在蔚藍畫布上任意交錯，破壞了原本清朗的天際線。於是，187 甲

線和丙線的橫交架空電線地下化就成了關鍵，但這也是最困難的工作；首先要協調台電、電信公司、有線電視、警察局監視器、交通號誌等纜線單位配合分段施工，把橫向纜線集中在路口處，再以共同管溝的方式下地。不過，施工其間難免影響服務品質和行車安全，民眾也迭有怨言。

「但最痛苦的還是基礎台的設置位置，大家都不喜歡門口有電箱！」因此工程單位在配置電箱時，有中央分隔島的，電箱就設在分隔島上；沒有分隔島就要盡量利用公有地，減少佔用民眾住家前面的街道，減少施工的阻力。經過不斷地溝通、協調，才能讓大武山的清麗風貌，重現在南臺灣的天際線。

六堆天后宮（左）和昌黎祠（右）相毗鄰，是當地重要的文化資產。

內埔客家文化園區
六堆天后宮與昌黎祠

187甲線串連內埔觀光景點，其中佔地約30公頃的六堆客家文化園區，一座座以大地打傘遮蔭的「客家笠嫲（斗笠）」意象的傘架建築，融合環保與文化地景，從入埕廣場開始，傘下景觀、中央噴水池、植生牆、中軸廣場、景觀滯洪池、菸樓展示館、礱間展示館等空間一一展開，非常適合親子遊憩。

各種有趣的互動設施和四大園區，包括以稻作、菸葉為主的田原地景區，配置菸樓、夥房及礱間等傳統建物，重現客家人文與自然交織的生活場景。自然草原區則象徵著六堆先民開山闢地的起點，環繞著中央生態池，配置桂竹林與多種水生植物，隨著氣候呈現不同的植被景觀也重現豐富的原生植物群落；九香花園以開基伯公為中心，帶狀配置的景觀區域編織有如客家花布地景。

六堆天后宮又稱為媽祖廟，位於屏東縣的內埔鄉，建於清朝嘉慶8年（1803年），為六堆客家聚落內最古老的媽祖廟，被列為國家三級古蹟，廟內供奉主神為天上聖母（紅面媽祖）及千里眼、順風耳兩位守護神。天后宮的格局為山門與正殿間夾拜殿，形成工字形的平面，屋梁與石柱雕刻精美，十分具有文化藝術價值。

而一旁的昌黎祠也同樣建於嘉慶8年，是全臺唯一主祀唐宋八大家之首——韓愈的廟宇，至今已有200年的歷史。但在66年舊祠曾受到颱風侵襲嚴重受損，現為重新整修樣貌；儘管未列古蹟，昌黎祠仍是最受考生崇拜的寺廟，每到大考季節就可以看到各種准考證影本掛滿寺廟兩旁，別具特色。

屏科大景觀 媲美國家公園

位於內埔鄉的屏東科技大學依偎在大武山下，佔地298公頃，可說是臺灣校地數一數二大的學校，校舍依地勢規劃而建造，不管是哪一棟校舍視野都極為遼闊，還有「國家公園大學」的美稱。

廣大的校園裡除了有室內教學實驗室，還有生態公園、水土保持示範區、植物園區等室外教學空間，還有一座全國性的野生動物收容中心，收容著被棄養的紅毛猩猩、老虎、長臂猿等200多隻野生動物；以及全臺唯一的農業機具陳列館，館內共珍藏2,700多件與傳統農業生產相關的器具文物。

一進入屏科大校園，映入眼簾的盡是遠山、草原和綠意盎然的學府大道、香楓隧道，偌大的校區裡，有夜景幽美的情人坡、後山可以賞日出的觀日亭，尤其是大武山倒映在靜思湖面優美如畫，校園中美麗的夕陽等都讓人津津樂道。在學校的牧場內還養了幾百頭乳牛，也在福利社供應高純度的鮮乳，而屏科大的薄鹽醬油也是相當知名的伴手禮。

Chapter 5

東區與離島生活圈

宜蘭・花蓮・臺東・澎湖

宜蘭　Yilan

澎湖　Penghu

花蓮　Hualien

臺東　Taitung

宜蘭｜以人本設計思維　提供用路解決方案

花蓮｜全臺最長縣道　串接原鄉魅力生活圈

臺東｜走入花東縱谷　與風景同行

澎湖｜點亮北環線　綿延看海的幸福時刻

澎湖｜為你鋪出順暢好生活

宜蘭

宜蘭員山建構友善生活空間

以人本設計思維
提供用路解決方案

宜蘭縣政府從十多年前就訂定「道路景觀與人本環境改善綱要計畫」、「綠色廊道整體建構規劃」及「宜路平專案計畫」，建構友善空間及用路環境，並且有秩序而系統性的提升道路品質；包括管線下地、號誌共桿、孔蓋收綠帶、LED 路燈等都是基本工程，連鄉道也不例外。

文字／吳秀雲　攝影／野川

　　位於宜蘭平原西北側的員山鄉，擁有豐富的自然水源，如湧泉、水圳、埤塘等，且水質良好，自日治時期以來就是宜蘭市與當地居民的飲用水源，更曾經供應宜蘭酒廠釀酒之用，而有「水之故鄉」的美稱。也因水源豐富造就農業興盛，除了生產水梨、金桔、麻竹筍等多種優質農產品，並結合觀光資源，發展休閒農業，吸引許多遊客前往體驗農村生活；近年在民宿風氣盛行下，更成為特色民宿聚集的人氣地區。秀麗的自然風景、豐富的生態資源，加上純樸的民風與人情味，為員山打開知名度。

員山機堡 記錄神風過往

　　一個以農業為主的風情小鎮，卻沒想到為臺灣保存著參與世界歷史舞台的過往。

　　從宜蘭市沿著台7線往南行，進入員山鄉不久的第一個十字路口，就是鄉道宜16線的起點，左轉後便會發現藏身在路旁的員山機堡。1941年日本偷襲珍珠港引爆了太平洋戰爭，為防禦美軍登陸，日軍在宜蘭佈署三條防線，並建有三座機場，做為飛行訓練及神風特攻隊起降之用；在機場之間則闢有飛機路相通，路旁還設有多個飛機掩體，當時的臺灣兵都打赤腳沿著現在的宜16線推飛機往來於機場間，並將飛機藏在掩體內以躲避美軍轟炸。

號誌共桿後，街道天際線變得乾淨清爽。

　　原名「神風特攻隊竹飛機掩蔽機構遺跡」的員山機堡，為宜蘭三座機場中的南機場，也是神風特攻隊的基地，很具歷史價值。但在日軍投降、戰爭結束後的幾十年間，卻變成老榮民的住家；而老榮民過世之後，軍方原本要將土地轉交給員山鄉公所做為興建社區活動中心使用。還好，深耕宜蘭多年，且將工作室設在員山的知名建築師黃聲遠得知此事，主動建議希望能保留這個歷史遺跡，並願意負責設計，才搶救了這座被怪手拆掉一半的機堡，成為戰爭地景博物館，留下這段歷史記憶。

　　走進占地並不大的園區，首先映入眼簾的一架仿造當年神風特攻隊戰鬥機的竹製飛機，停在機堡前讓人回想昔日的戰爭情景；而碉堡上方由鋼骨及鐵柵網架所構成、盤旋向上的空中廊道，則象徵那些年輕特攻隊員視死如歸、一去不復返的悲壯心情。一旁的水泥新建築「擬戰事隧道」內以抽象化的戰爭氛圍為設計概念，展示著日治時期及二次大戰的相關資料，粗胚的水泥牆上畫著大東亞地圖及耆老的口述歷史，來闡述歷史過程。

宜 16 線
孔蓋收綠帶
減少重複開挖

　　宜 16 線的修繕工程就從員山機堡旁開始，宜蘭縣政府交通處土木科長翁鄭啟志表示，此路段每逢假日遊客較多，違規停車的狀況層出不窮，為了維持交通順暢，便重新規劃周圍的交通動線，新增人行道，方便遊客行走。至於興建中的第一消防大隊暨員山消防分隊辦公廳舍前方彎道處路面，則畫著鮮明的黃色減速標線，提

員山機堡以竹製飛機及盤旋的空中廊道，象徵當年特攻隊員視死如歸的悲壯心情。

消防分隊前路面畫有黃色減速標線，提醒駕駛人注意消防車進出。

增設保水植栽停車格，把路肩還給通行，更安全。

醒駕駛人注意會有消防車進出。

此外，整條道路都進行管線下地、號誌共桿、孔蓋收綠帶等工程，其中下地的管線包括台電、中華電信及有線電視等線路，需要花費時間來和業者溝通與討論，才能達成共識；號誌共桿則是將路燈、交通號誌、交通標誌及電線桿等集於一身的設施，讓街道景觀不再雜亂，天際線變得乾淨無障礙。至於孔蓋收綠帶則是宜蘭前幾年就開始進行的道路設計，把維修污水、電信、電力設備所使用的人孔蓋統一設計在人行道旁種植樹木及草皮的綠帶，而非道路上，就可減少維修時要重複開挖馬路的狀況，機車騎士

也不用擔心會發生打滑等交通事故。

淨空路肩 降低搶道風險

翁鄭啟志說，在靠近鄉道宜17線附近路段，因為常有汽車停放路肩，導致機車與汽車、大型車輛並行時行車空間被壓縮，所以在路邊增設種植保水植栽的停車位，以淨空路肩，保留通車空間，讓機車、腳踏車等弱勢運具可進行迴避。並與水利會協調公共設置帶空間，除了留出路肩，還整合電箱、孔蓋等設施，以及幫忙做排水溝及溝壁、欄杆等，讓道路與水利用地能更有效運用。當地居民曾申志對這些改善十分有感，認為增設停車

位之後，路肩淨空了，不再出現亂停車的狀況，道路也變乾淨整齊，樹木綠化景觀增加，晚上也能沿著路旁人行道跑步，交通安全大為提升。

宜 17 線
增設人行步道
維護通學安全

來到宜 16 線與宜 17 線的交叉處，十字路口的斑馬線在這次工程中進行退縮，以避免出現行車視線死角，保障行人穿越馬路的安全，而且這裡是前往宜 17 線沿線育才國小的必經通學路，交通安全更顯重要。翁鄭啟志說明，宜蘭縣政府從 10 多年前就訂定「道路景觀與人本環境改善綱要計

畫」、「綠色廊道整體建構規劃」及「宜路平專案計畫」，建構友善空間及用路環境，並且有秩序而系統性的提升道路品質，尤其是學校附近的通學路線，更是計畫中很重要的項目。宜 17 線還是員山通往羅東的主要道路，也可做為台 7 線的替代道路，車流量不算少，更需要為學童規劃安全的通學步道。

宜 17 線用路情形與宜 16 線相似，因路肩寬，常有汽車隨意停放，導致出現學童穿越馬路的危險狀況，本次修繕工程從進士路口到育才國小增設了人行步道，以銜接學童的通學路線，並在校門口兩側都劃設出家長接送區，還規劃了迴車道，以因應家長的需求。育才國小校長洪祖熙對這些

> 增設人行道、公共設施帶，又特別在校門前劃設接送區，保護學童與行者安全。

育才國小校門口兩側都劃設家長接送區及迴車道，以因應家長的需求。

宜 17 線人行道以冷塑型止滑塗料鋪面。

超過百年歷史的育才國小，校園設計綠意盎然。

規劃表達感謝，「現在走路上下學的學生大概有 20 位，雖然不算多，但是仍然需要一條安全的通學路。家長接送區的劃設，則讓校門口的動線清楚明確，不再擁擠混亂。」

以童軍、本土教育及綠色永續校園為特色的育才國小，創校於民國 7 年，是所超過百年歷史的學校，並曾在 97 年獲選為《商業週刊》百大特色小學。不僅因為校地寬廣，學生活動空間大，校園裡還有綠意盎然的生態池、充滿設計感的建築、到處可見的大樹、鳥類昆蟲觀察區及教學農場等設施，就像是個大公園。難怪就連假日，也有許多家長帶孩子一起來學校遊玩，其魅力可見一斑。

公共設施帶 分離人車空間

宜 17 線除了增設人行道，管線下地、號誌共桿、孔蓋收綠帶等基本工程同樣一併施作。並以公共設施帶隔開人行道與車道，讓行人與行車空間分離，以保護步行者的安全。此外，由於把路肩從 2.5 公尺縮減到 1.5 公尺寬，為了將公共設施帶納入路旁，也比照宜 16 線與水利會協調使用周邊水利用地，並加設灌溉水溝護欄，使下雨時的排洪逕流能流進植栽綠帶或灌溉溝，達到循環利用之效。

在路燈方面，改用亮度更高的 LED 燈具，且因為宜蘭易有颱風登陸，LED 燈具有風阻小的優點，使受損風險也降低。至於在人行道的設計上也很用心，像是位置比道路高，車子不容易跨越；使用冷塑型止滑塗料作為鋪面，並提高止滑係數以提升安全；途中為無障礙空間做成斜坡的紅磚特別選用宜蘭製造，不但增添在地元素，對盲人使用也很友善。

身為宜蘭在地人，翁鄭啟志有著為鄉親服務的熱忱，「因為設置人行步道而縮減路肩，使得此路段畫紅線不能停車，造成附近教會教友做禮拜時的不便，以及跟水利會與周邊居民的協調，都需要多次的溝通與討論。很感謝大家的體諒，才能讓道路修繕工程順利完成。」

宜 18-2 線
為砂石車改換
抗磨耐重鋪料

至於鄉道宜 18-2 線則是位於蘭陽溪北岸，由宜蘭市通往員山鄉的道路，由於緊鄰堤防，主要的用路人為砂石運輸業者的大型砂石車，以及自行車專用道的遊客。為改善大型車輛輾壓頻繁，路面容易損壞形成車轍，便改換鋪面，使用增加抗磨、耐重鋪料。翁鄭啟志表示，宜蘭縣政府對於道路狀況十分重視，每年都會進行道路 IRI、PCI 檢測，道路施工完成後，也會重新檢測改善後數據。IRI 是國際糙度指標（International Roughness Index）的縮寫，常用於測量道路平坦度，數值越小表示道路越平坦，一般新鋪設的路面為 1.25 ～ 3.5。PCI 則是舖面狀況指標（Pavement

宜 18-2 線重劃自行車道，並於堤岸側加設護欄防墜；而下凹式綠地可有效收納孔蓋與電箱。

七賢公園後方以石頭砌成的食堂。

Condition Index），評估範圍從 100 到 0，數值越大表示舖面整體狀況越好，特優等級為 85 ～ 100。

在自行車道方面，因為早期的設計為分流而設有車阻，對於騎車有所阻礙，對身障使用者也不友善。而且原本車道的寬度過寬，不符合目前的使用需求。重新規劃後，縮減自行車道寬度及重作鋪面，並於堤岸側加設繩索式護欄，防止墜落事件發生。

除此之外，宜 18-2 線也同時進行管線下地、號誌共桿等工程，並將孔蓋與電箱集中至綠帶，避免道路出現重複開挖、回填不確實的狀況，且能有效提升道路的使用年限。更以永續思維設計，將原本綠帶習慣高於路面的設置，改為下凹式綠帶，排水溝

也設置於綠帶，讓雨水可以灌溉植栽或是流入下水道，具有防洪及綠帶灌溉的雙重功效，且能降低後續維護管理的成本。同時為了機車騎士的安全考量，這條道路的路肩較寬，且停車的狀況不多，雖然不能劃設機車道，但會淨空路肩，讓機車可以閃避砂石車。

公園看戰車 溫室賞蘭花

沿著宜18-2線往宜蘭方向左轉賢德路旁，有座七賢公園，雖然只是社區活動中心前的小綠地，卻停放著多架國軍退役的戰鬥機、戰車、榴炮彈及艦艇海錨，據說是軍事迷的私房景點，令路過的遊客很是驚喜。

據說這裡在80年代是一片荒蕪的亂葬崗，歷經多任鄉長的努力奔走，才得以遷葬祖墳、整地變更，籌資興建社區活動中心；並得到國防部捐贈國軍汰換的F-5E戰機、M48A3巴頓戰車、M41華克猛犬戰車、M114式155公厘榴炮彈，以及陽字號海錨，供民眾參觀。在公園後方還有棟石頭砌成的房厝，門前種滿各式多肉植物，顯得古樸有趣，名為七賢社區友善食堂，提供日式丼飯、各式套餐、韓式銅盤烤肉、養生小火鍋等餐點，以及多款咖啡、鬆餅等飲料甜點，適合休息片刻。

而宜18-2線往西行，在成功二路附近則是金車員山蘭花園，園區成立於89年，擁有上千坪由電腦精密環控的溫室，以確保蘭花的高品質，主要從事蘭花組織栽培、品種選育、代工生產等工作，並外銷至日本、韓國、美國、荷蘭及中南美洲等國家。開放民眾參觀的門市區域，以文字與圖片介紹蘭花及臺灣原生蝴蝶蘭的起源，並設有蘭花、觀葉植物等展售、兒童遊戲及座位休息區，讓遊客可以近距離觀賞蘭花成長栽培的過程。

翁鄭啟志認為，宜蘭縣政府在道路建設一直秉持著「以人為本，人比車大」的理念，從觀察用路人需求持續提升道路品質，這次修繕也不例外。透過評估道路使用需求，重新分配道路斷面空間，過程中整合周邊公共空間，都是為了打造人本綠廊，追求更美好的在地生活。

金車蘭花園也有培育近年熱門的仙人掌等多肉植物。

七賢公園停放多架國軍退役戰地機具。

\#風景公路　\#邁向平權

花蓮單車客最愛的風景公路

全臺最長縣道
串接原鄉魅力生活圈

縣道 193 線是唯一全線都在花蓮境內的南北向縣道，也是全臺最長的縣道，
起於新城三棧，一路蜿蜒到玉里。沿途有美麗的七星潭、數不清的阿美族部
落、秀姑漱玉的秀姑巒溪、花開燦爛的各種行道樹，以及廣闊無邊的稻田，
四季各有不同景色，是條名符其實的風景公路。

文字／吳秀雲　攝影／楊智仁

三棧

新城

壽豐

中興社區

鳳林

光復

大農大富
平地森林園區

梧繞

鶴岡國小　瑞穂

瑞美國小

觀音國小　赤科山

玉里

樂合

花蓮這片後山淨土，擁有秀麗山海美景，是許多人心中的度假天堂，因此每逢假日，火車票和飯店民宿總是一位難求。不過，絕大部分的遊客都以台9線及台11線為主要交通路線，對多數穿梭在鄉鎮部落間的道路並不熟悉。其中全長約110公里的193縣道，雖然是全臺最長的縣道，也是唯一全線都在花蓮境內的南北向縣道，卻是因為單車風潮席捲臺灣，環島成為全民運動之後，才逐漸打響名號，進而深受單車與重機騎士的喜愛。

兼顧人文景觀與生活圈優化

縣道193線北起新城鄉三棧村，南至玉里鎮樂合里，共經過8個鄉鎮，離開市區海岸之後，從進入壽豐鄉的23K開始沿著花蓮溪及海岸山脈延伸，路幅不大且路型彎曲，行車速度較慢，故使用者多為當地居民。此次修繕工程從23K開始，其中23K～51K路段以基礎設置改善為主，如部落周邊的路燈、排水溝、特色圍牆等；而51K～110.6K路段的改善主軸則為「地方特色營造」及「生活圈優化」，主要工程項目為鋪面、護欄，接近市區的管線下地、排水設施及學區步道改善，並著重與地方如村里、部落、學校、公所等互動

193線前半段道路改善著重基礎設置，如山興部落附近道路紐澤西護欄改為透空形式，
提升行車安全與視野。

溝通設計理念，串聯人文景觀元素。

　　花蓮縣政府表示，在193線的地方特色營造上，文化景觀設計以沿線的阿美族部落元素為主，除了讓遊客感受在地風土，同時優化生活圈設施。主要是利用沿線原有的閒置空間，於進行田野調查時與公所、在地居民（如首領、頭目、部落耆老、校長等）溝通，了解地方需求；然後以各部落文化內涵為點，並挑選適合的元素擴大為線性串連。而在圖騰或元

素設計上，則透過部落耆老教導與資料查詢，再由設計師重新設計，在施工過程中也會依照民眾所提出的需求，進行滾動式的修正。

中興居民共營柑仔店
改善村路排水照明

　　車行經48K，道路左邊立著圓柱狀的人形雕像，接著牆面出現以紅黑白三色磁磚拼貼成的菱形圖騰，就到了舊稱草鼻的中興社區。這裡是個擁

有 50 多戶人家的阿美族部落，因為以前道路旁的排水系統設計不良，每逢下大雨就會積水，照明也不佳，便向縣政府申請修繕。鳳林鎮民代表高進福就提到，這次的改善工程新增部落圖騰增加社區特色，設置排水溝解決淹水，每隔 50 公尺新建一盞路燈、增設人行道，走路更安心，工程完成一年多來，社區內都沒有發生交通事故，成效真的很好。

雖然附近沒有知名景點，但路過的單車客和重機騎士常會停留在社區雜貨店買飲料，順便休息一下。仔細抬頭看看店門口牆上那塊有點年紀、寫著「中興社區合作社」的木牌，才知道這是間於民國 78 年由省政府所成立的社區共營商店，由社區居民共同出錢入股並擔任社員，決定店內的販售商品，以提供居民生活所需；不但聘僱社區居民為店員，每年年底還會召開社員大會，報告當年的營收結餘和紅利。據說當時全臺灣共有 63 間社區合作社，如今只剩下兩間，而且都位於花蓮，另一間則在春日社區。

> 文化景觀設計以沿線的阿美族部落元素為主，讓遊客感受在地風土，同時優化生活圈設施。

紅白黑三色是阿美族傳統圖騰的顏色，此為草鼻部落的圖騰。

中興社區合作社是民國 78 年由省政府所成立的社區共營商店，目前全臺只剩兩間。

鳳林設候車亭 光復拓停車位

　　鳳林境內還有一處重點工程，就是位於 57K、山興部落旁的茅草候車亭。這座以茅草為頂、斗笠為造型，且腹地寬廣的候車亭，是為了附近就讀大榮國小及鳳林國中的學生所設置的，希望他們在上學途中等候校車時，不會遭受日曬雨淋。而道路兩旁的紐澤西護欄也改為透空形式，不會遮擋景觀，可兼顧行車安全與視野。

　　進入光復之後，路幅較為縮減，沿途檳榔園與稻田景觀交互出現，偶爾有貨車或機車經過，散發出山區產業道路的幽靜氛圍。在 64K 兩旁種滿整排水黃皮行道樹，濃密的綠樹如蔭，形成綠色隧道，是旅途上的小驚喜。在與 11 甲公路交會處 65K 的光復鄉第二公墓旁，則規劃了十多個停車位，以方便掃墓民眾停車；並配合原有太巴塱部落的木刻圖騰柱，在地面以阿美族傳統的紅白黑三色鋪設光芒圖案，以及種植樹木綠化周邊環境。一旁還設置單車停車架，讓騎士能駐足休息片刻，十分貼心。

大農大富悠遊平地森林

　　沿著 193 線，過了太巴塱和馬佛部落，就來到大農大富平地森林。這片原本種滿甘蔗的田地，經過林務局十多年的積極造林後，在 100 年成立臺灣首座平地森林園區；占地 1,250 公頃的廣大園內，種植著近 20 種、超過百萬棵的平地常見樹種，孕育著

位於 57K 的茅草候車亭，是為了附近就讀大榮國小及鳳林國中的學生所設置的。

光復鄉第二公墓旁規劃了停車位，以方便掃墓民眾停車。

位於 65K 的太巴塱部落木刻圖騰柱。

豐富的自然生態，並堅持「三低」低碳、低密度、低開發的原則，維持森林豐富的自然資源，成為近年花蓮極受歡迎的旅遊景點。

園區內規劃了林間單車道和人行步道，可以享受在森林中騎單車或是漫步的樂趣，呼吸新鮮的空氣與濃郁的芬多精，草地區則有圖騰花海與各種裝置藝術可供遊客欣賞及拍照留念。而且四季景致不同，像是 1～2 月的彩色花海、3～4 月的螢火蟲季、12 月的楓紅自行車道等；還發展具有地方特色的「森林療癒」（Forest Therapy）活動，利用廣闊的平原、山景、景觀花海與裝置藝術，設計具有

文化特色的森林療癒活動，拉近人與森林的關係。不妨租台腳踏車穿梭森林小徑間，在廣闊的園區裡盡情跑跳、舒展身心，或是在森林裡、草地上野餐休息，充分感受大自然的美好。

為梧繞改善通學 點亮傳承

位於 83K 北岡大橋旁的梧繞，是瑞穗鄉東北方的秀姑巒阿美族部落，地名 Olaw 為族語「黑色」之意，據說是因為部落遺址的土質呈棕黑色而得名，漢名則音譯為梧繞。當地還擁有 130 多年歷史的伐木舞，是古早部落族人為搭建房屋，將巫師占卜、上山挑選木頭、扛木頭下山的過程編成

占地寬廣的大農大富平地森林，是臺灣首座平地森林園區。

舞蹈，搭配著傳統歌謠的吟唱，反映出阿美族對階層制度及世代傳承的重視與尊敬，也是部落最獨特的文化。所以在此次工程中，不僅將進入部落的路面拓寬、路口管線下地，也把伐木舞的意象圖騰以特別燒製的陶板放置在街道入口的牆面，兼具傳承精神與美觀。

除了部落牆面上象徵伐木舞的圖騰，以及傳統紅黑白三色組成的地名圖案，鶴岡村長余新德對於縣政府在鶴岡國小圍牆的美化工程也十分滿意：「這些描繪著阿美族傳統豐年祭的青年服裝與舞蹈，以及部落拼音 Olaw 的馬賽克拼磚，都是工程人員和校長共同討論設計的，表現出學校想傳達的部落特色和文化。」以秀姑巒溪流域阿美族文化為基底的鶴岡國小，於 109 年 9 月轉型為「秀姑巒阿美族實驗小學」，是阿美族第二間實驗學校，透過部落、學校互助的方式，讓傳統原民文化學習進入校園。

至於靠近瑞穗市區的瑞美國小，則是工程中的另一個重點學校。這間具有 116 年歷史的國小，以綠樹如蔭的校園及得獎無數的游泳隊而聞名，校園內還有棵造型優美的百年黑松，曾經獲得「全國最美校樹」

> 將進入部落的路拓寬，把伐木舞的圖騰燒成陶板妝點在路口，美好生活也延續傳承。

公路熱知識

公共設施帶

公共設施帶是指依植栽、路燈、景觀及街道傢俱等設置需求，劃設於人行道或分隔島的帶狀空間，並提供為交通、消防、電信等管線設施，以及與都市生活相關的公共設施所使用。且為保持行人通行的安全、順暢，步行帶應排除一切突起障礙物，以保持步行帶的淨空；若公共設施帶劃設於人行道上，必要時得將部分公共設施採立體方式設計，以減少公共設施帶寬度。前瞻基礎建設的道路改善工程，多將公共設施帶設置在人行道和車道中間，以保護行人的安全。

在春日織羅部落前 92.8K 處的小葉欖仁綠色隧道。

梧繞部落的特色是擁有 130 多年歷史的伐木舞。

鶴岡國小的圍牆上描繪著阿美族傳統豐年祭的青年服裝與舞蹈。

的殊榮。從校門口的緩坡道地磚、無障礙空間的人行道、排水溝、造型路燈及行道樹植栽，都是這次修繕工程的項目，不但讓小朋友上下學的道路更明亮通暢，公共設施帶設置在人行道和車道中間，則可保護行人不受行進車輛的碰撞。

玉里過綠隧道
松浦走金黃天堂路

通過瑞穗大橋便來到玉里，這段 193 線因為連接德武與樂合，又稱為樂德公路。在春日織羅部落前的 92.8K 處有段由兩旁小葉欖仁行道樹所形成的綠色隧道，長約一公里，春

夏時節枝葉繁茂、綠蔭遮天，為路過車輛及騎士帶來一絲涼意；秋季會開滿黃綠色的穗狀小花，冬季落葉前葉片會轉黃，形成漫天金黃，四季各有不同風景。再加上略為彎曲的道路，增添幾分特有的美感。

過了綠色隧道後左轉穿越稻田，會出現一個碧綠而幽靜的小池塘，名為鱸鰻潭。水潭面積不大，據說是天然形成的湧泉，自古作為提供灌溉之用，經由花蓮農田水利會於96年整治，才有了今日綠樹圍繞、平靜水面倒影如畫的景象，不但是附近居民悠閒垂釣的去處，也成為在地人的私房景點。

從春日到松浦約7、8公里的距離，公路旁最吸引人的是一整片綿延的稻田景致，隨著地形起伏、田埂錯落，以及四季的變換，自然的田園風情卻叫人百看不厭。尤其是97.25K附近有條S型的田間小路，因為秋收時分被金黃稻浪所包圍，美麗如畫的景色讓人聯想到池上的天堂之路，而被稱為「松浦天堂路」。也別忘了94.5K～96.3K的鳳凰木隧道，6月時滿樹紅豔的花朵，在藍天下格外亮眼熱烈。

松浦附近綿延的金黃稻田景致。

觀音國小校門口的無障礙空間是這次工程的重點之一。

為觀音國小打破高牆

再往南行，便是這次工程改善亮點之一的觀音國小。這座位於觀音山下、擁有 105 年歷史的迷你小學，109 學年全校只有 13 位學生，卻和部落社區關係緊密，且資源共享，經常一起舉辦活動；像是開學典禮與祖父母節一同舉行，邀請文化健康站的長輩共同迎接新生，在社區中扮演重要的角色。觀音國小校長陳慈芳表示，「感謝縣政府的『友善 193』計畫能選定本校，將校門口閒置的空地變成美麗而有價值的雨花園，讓路過的單車客和遊客有了能歇腳休息的空間，也呼應教育部所提倡的『校園美感環境再造計畫』，使學校亮了起來。」

觀音國小校方提出希望改善封閉的校區空間，於是工務單位敲除原本屏蔽的紐澤西護欄，設計景觀步道、雨花園，從校內步道串連到 193 線，成為具有開放性的校園特色，並設置無障礙設施、改善鋪面與廣場牆面等。「從一開始的實地探勘、設計到施

> 觀音國小希望改善封閉的校區空間，於是設計從校內步道串連到 193 線，成為難得一見具有開放性特色的校園。

工，縣政府建設處土木科、設計工程單位和學校、社區居民召開過多次會議進行討論、溝通，先依照實地狀況先行設計，再結合當地居民的意見、考量實用性，施工時也會進行滾動式修正，以求符合使用者的需求。」花蓮縣政府建設處工務人員仔細說明工程進行的方式。

校門口的雨花園看似平凡卻內藏玄機，因為附近沒有水源或路邊溝，工務單位便在下方挖了深達 2 公尺的蓄水池，來收集下雨過後的地表水作為灌溉植栽之用，以達到環保與綠化的雙重功效。而乍看沒有圍牆的開放性校園，卻在花園木棧步道旁的梅樹後方種著一排桂花樹綠籬做為區隔，既維護了學生安全，也不至於過於制式僵硬。至於門口原本老舊的鋪面，也重新做洗石子處理及地磚，並設置無障礙設施；原本位於角落的老舊涼亭，則拆除改為綠地，學生不必再擔心危險而不敢靠近。「里辦公室後方原本會漏水、長滿青苔的牆面，請社區內的素人藝術家設計，與學生一起動手將阿美族的意象、當地的稻田、學校的烏克麗麗課製作成石貼畫，變成美感角落。」陳慈芳開心地說。

赤科山開滿山的金針花

從觀音國小再往南約 1.5 公里，就是高寮社區，也是以金黃金針山而聞名的赤科山。海拔 900 公尺的赤科山，因日治時期種植學名為森氏櫟的赤柯樹而得名，由於木質堅硬，當時被日本人砍伐送往日本製作槍托；48 年發生八七水災，中南部災情嚴重，有許多嘉義人移居赤科山，才開始種植金針與茶葉，成為臺灣最大金針產地之一。而金針原本為經濟作物，後來因為金黃景致吸引觀光客上山賞

走一趟 193 線是造訪花蓮最好的方式，透過道路去認識一個地方，讓旅行成為生活的一部分。

觀音國小校長陳慈芳與呈現學校特色的石貼畫。

雨花園下方有深 2 公尺的蓄水池，可收集雨水灌溉植栽。

曬金針是赤科山夏天的特有景象。

花，且聲名大噪，便在縣政府補助下保留部分金針花苞不採收，形成滿山金黃花海景象，每年 8 ～ 9 月與六十石山合辦的金針花季，便是花蓮夏天最重要的觀光活動。

雖然赤科山的金針種植面積不如六十石山廣大，卻因地勢起伏大，加上石頭錯落，而有不同的景觀與意境；而由 3 顆黑色火成岩所組成的三巨石、彷彿烏龜般造型的萬噸石龜，以及汪家古厝的「赤科三景」也是當地著名的景點。

其中，汪家古厝是間擁有 50 多年歷史的半木造四合院，傳承自當年汪家嘉義老宅的建築型式，使用當年山上遺留下來的木材，屋頂則因山區瓦片取得不易，而以黑色的茅油氈紙替代，也是當時赤科山普遍流行的房屋型式。後來開始種植金針，為解決日曬金針場地不足的問題，便利用屋頂來曬金針，反而形成當地特殊的景觀。無論是在藍天下欣賞滿山金針花海、看農民穿梭花田間忙著採收金針，或是遠眺古厝黑色屋頂曬滿金黃色金針的壯觀景象，夏天的赤科山處處是美景。

193 線末，是 108K 鐵份橋附近展開的阿勃勒行道樹，每逢 6 月時分，遠遠就能看見兩旁花朵如黃金雨般垂掛樹梢，鮮黃的燦爛景象一路綿延約 2 公里，總是吸引許多遊客不遠千里而來，就是為了拍下這絕美的景致。

造訪花蓮最好的方式，就是放慢腳步去體驗在地的生活、感受當地的文化，欣賞當下的景色。走一趟 193 線，進入沿路的阿美族部落，和居民們聊聊天；逛逛田間小徑，聞聞稻穗香；在盛開的黃金雨阿勃勒樹下拍照，欣賞滿山金黃的金針花田。透過道路去認識一個地方，讓旅行成為生活的一部分。

臺東

臺東連結稻田與山海的慢活公路

走入花東縱谷 與風景同行

縣道 197 線是與台 9 線隔著卑南溪平行的兩條公路，同樣通往臺東市，卻少了擁擠人潮與車水馬龍的喧囂，換來的是沿途社區部落豐富的自然景觀與純樸人情味，是適合悠閒欣賞沿路景色的慢活公路。

文字／吳秀雲　攝影／楊智仁　部分照片提供／臺東縣政府建設處

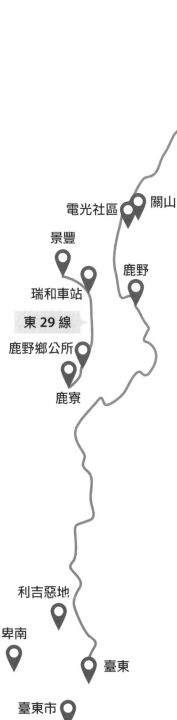

池上

縣道 197 線

電光社區　關山

景豐

瑞和車站　鹿野

東 29 線

鹿野鄉公所

鹿寮

利吉惡地

卑南

臺東

臺東市

全長 59.6 公里的縣道 197 線，起於臺東縣池上鄉，經過關山、鹿野、延平、卑南，最後在臺東市石川與台 11 乙交會；是一條與卑南溪平行、穿梭於縱谷間的公路，沿途山海與農村交織而成的風景秀麗，不但是部落居民進出、農產品運輸的重要道路，也深受國內外觀光客及單車運動愛好者的喜愛。

不過，這條公路原本為公路總局關山與臺東工務段共同養護，於民國 100 年之後才回歸臺東縣政府自行管理。「近年來縣政府財政困窘，完全無法負擔道路維護費用，使得 197 線路面多處出現坑洞、車轍、龜裂，甚至有邊坡滑動造成護欄及路面下陷、邊坡擋土牆傾斜滑移等狀況，亟需辦理『整合型道路品質改善計畫』，提升道路品質，是故臺東縣政府申請前瞻基礎建設經費，以利達成安全、景觀及經濟三大效益。也因為大部分路段屬於山區道路，工程改善目的不在尋求行車速度上的提升，而是為了提供用路人和遊客更好的服務品質。」臺東縣政府建設處土木科技士林朝欽娓娓道出維修原由。

經過 197 線管線下地的工程整修之後，旅客駛入池上彷如走入無垠的山水圖景中。

池上無邊天際線的稻田景觀

　　車子行駛在風景秀麗的花東縱谷，總會讓人心情格外愉悅，想打開車窗迎風呼吸新鮮的空氣；當眼前出現一片寬廣無邊際的綠色稻田，以及其間三兩成群騎著腳踏車的遊客時，就知道池上到了。位於美麗稻田間的伯朗大道是這幾年池上最知名的觀光景點，旅客最愛騎著腳踏車拜訪金城武樹、打卡拍照留念、穿梭田間小路；至於串聯市區台 9 線與伯朗大道的 197 線，便成為重要的聯絡道路。

　　197 線的起點就位於台 9 線旁，是遊客進入伯朗大道必經之處。「原本這段路面並不寬，因為是旅遊亮點且遊客多，恐不敷使用，故從 0K+300 ～ 2K 處不但拓寬路面，還請台電配合並分攤工程經費將管線下地，讓周邊伯朗大道、天堂之路的景觀不再受電線阻礙，可以享受無邊天際線的稻田風景。」面對著整修之後寬闊筆直的公路，林朝欽說道。

　　看著筆直且無雜亂電線妨礙視野的寬闊兩線道，兩旁的稻田景觀無限延伸，呈現一幅如畫般寧靜悠閒的田園景致。身為池上人，也是負責道路規劃設計的技師梁正儀驕傲地說，原本池上稻穗秋收藝術節的稻田舞台為 175 公頃，經過 197 線管線下地的工程整修之後，延伸到 500 公頃，這樣寬廣無邊的稻田風景，可說是全台僅有。

由 60 年歷史老穀倉改建成的池上穀倉藝術館。

紅磚建築的原鄉稻米館是萬安社區的地標，二樓則是展望極佳的用餐空間。

197 線管線下地後，讓池上稻穗秋收藝術節的稻田舞台，從 175 公頃延伸到 500 公頃，寬廣無垠。

整修老屋進駐藝術家

在池上深耕超過 20 年的台灣好基金會，於 104 年成立池上藝術村，開始認養老房子，將在地的閒置空間再利用，並邀請蔣勳等藝術家來駐村，讓大家認識到這個東部小鄉鎮除了稻米、單車觀光之外的藝術活力。105 年則將一棟擁有 60 年歷史的老穀倉改建成「池上穀倉藝術館」，有著黑色屋瓦、水泥外牆，加上大片玻璃落地窗的低調素雅建築外觀，開闊的室內則是藝術展覽空間，也是居民交流及推廣藝術教育的平台。

身為藝術村聚落一部分的萬安社區，就位於 197 線旁，也是池上知名的稻米產區。一進入社區，路旁景觀從一望無盡的稻田，變成一邊是民宅、一邊是稻田，而且路幅隨之縮減，速限也在 30 公里以下。「因為這是社區進出的主要道路，居民出入頻繁，造成路面的車轍和陷落非常明顯，經過整修後變得很平整。而原來由錦園進入萬安是從上坡往下坡走，在行車視野上有些妨礙，偶爾會發生交通事故，改善之後道路變得平坦，並更新標誌，對交通安全很有幫助。」社區發展協會理事長陳政鴻感謝地說。

位於路旁的紅色二樓磚房是原鄉稻米館，這棟建築原本是肥料倉庫，在 92 年經過整修之後，成為萬安社區的地標，一樓陳列展示著當地的人文、地理和生活故事，是認識社區的好地方，還販售在地農民的農產品與

由電光國小全校學生一同參與的召互樂團。

特殊的竹炮是電光部落特有的重要祭儀項目之一。

手作加工產品；二樓則是展望極佳的用餐空間，能夠欣賞遼闊的水稻田景色，享受置身田園間的悠閒舒適。尤其在前方道路進行管線下地工程之後，視野更好，也不用擔心颱風來襲時電線桿會傾倒的危險。

電光保留阿美族傳統文化

離開了萬安，197 線進入另一個米鄉——關山鄉的電光社區，這裡是以阿美族為主的小村落，居民多以務農維生，總數約 700 多人。由於此路段靠近社區住家，進行的工程為維修道路，會先刨除柏油路面，再重新鋪設，以避免舊式直接加鋪柏油的養護方式，使路面逐漸變高，造成下雨時會發生民宅淹水的狀況，對居民生活有很直接的改善。而道路行經社區活動中心，除了會看到以電光牛為主的社區意象裝置藝術，兩旁的水泥牆也施作了結合在地文化的彩繪圖案，讓社區特色更為明顯。

舊名「雷公火」的電光社區，相傳是因為時常在夜晚會出現怪火，居民認為是閃電，故沿用閃電的閩南語「雷公火」為地名。這裡的遊客並不算多，若想更深入了解當地，記得要和社區發展協會聯絡，才能透過傳統活動體驗在地文化；像是對電光具有歷史意義的竹炮，就是 1867 年當時部落青年成功擊退清兵，獲得勝利的武器。社區發展協會總幹事潘寶瑩表示，「使用生長三到五年的刺竹製作成砲管，先放入電土（碳化鈣）再加水以產生乙炔氣體，點火後便會燃燒，並透過竹筒產生巨大音爆，用來嚇阻敵人。又因為竹砲沒有殺傷力，僅能發出強大聲響，便逐漸演變成保護農作，嚇阻山豬、猴子和鳥類的『武器』；如今則成為部落文化、歷史不可或缺的部分，更是電光部落特有的重要祭儀項目之一。」如今也是深受遊客喜愛的文化體驗。其他還有米食製作、做酒釀、炒咖啡豆、竹鐘（召互）樂器等體驗活動；尤其是電光國小的召互樂團，是由全校學生一同參

與，看他們認真拍打竹管所演奏的樂曲，可深入感受獨特的原民音樂韻律。

23K～37K 不與大自然抗衡

公路續行進入鹿野，經過香火鼎盛的寶華山岔路口，便進入 23K～37K 的碎石路面段，行車需格外小心。這 14 公里是全國唯一的碎石鋪面縣道，位於穿越鹿野鄉海岸山脈自然林木間，因為屬惡地地形，地質以泥岩為主，只要遭受颱風或豪雨侵襲，路基及邊坡便易滑動，形成走山，若鋪設柏油路面，損壞的機率極高；故於公路總局關山工務段代為養護期間，僅鋪設碎石路面。梁正儀進一步說明，「因為此路段屬於斷層帶，路基不穩定，一遇大雨便被沖刷造成走山，不易改善，也無法長久持續與大自然抗衡，再加上沿路居民較少、利用者少，所以決定保持碎石路面原貌。」目前不論是開車、騎機車或單車都相當顛簸，唯有高底盤的四輪傳動車能安全行駛，不過仍被單車騎士視為高難度挑戰路線。建議一般車輛可以在寶華山轉往瑞源行駛，避開此顛簸路段。

“ 這段14公里的全國唯一碎石鋪面縣道，是考量天候環境、使用頻率，而以減法維護的思考保留原貌。 ”

23K～37K 處的碎石路面段常被單車騎手視為挑戰，但行車需格外小心。

大原花布燈籠生活文化館（左）和瑞和車站（右）充分展示出在地的客家文化與生活軌跡。

從這段保留碎石鋪面的道路，正好可以說明 197 線的定位。「它不能完全取代台 9 線，因為無法疏導假日時龐大的車流量，也無法加快車速，而是池上、關山和鹿野三個鄉鎮居民的安全道路；並且串聯了三地的單車道，再加上沿途視野佳、景觀好，於是成為單車騎士的慢活路線。」林朝欽解釋著兩條公路的差異性。

鄉道東 29 線
串起鹿野小鎮風情

車子暫時離開 197 線，通過寶華大橋，續行鄉道東 29 線轉往瑞源。東 29 線也是這次提升道路品質計畫改善道路，其為鹿野鄉瑞隆、瑞源、瑞和及瑞峰等社區間的重要聯絡道路，也是村莊進出台 9 線的分流替代道路。其中瑞源是個有鐵路經過的小社區，人口大約 1,200 人，卻是鹿野鄉最大的客家庄，以生產稻米和甘蔗為主，也是臺東良質米的產區之一；92 年社區還自主成立全國唯一的客家花布燈籠工場，不但打響了社區名號，也帶動觀光產業。

花布燈籠工場的營運方式，從燈籠外型設計、骨架製作、花布裁剪、縫製加工，到套裝組合、品管檢驗，全部都由社區居民包辦，一個個純手工打造的燈籠，為當地帶來象徵吉祥富貴的傳統鄉村人情味。目前工場已更名為大原花布燈籠生活文化館，展示著各種在地研發的客家服飾、手提包、頭巾、圍裙、檯燈等相關手工藝產品，展現出客家文化的創意與美感。

整條花東鐵路共有 5 個無人招呼站，其中瑞和站就位在東 29 線旁，雖然一天只有 13 班區間車停靠，但

瑞和車站雖然是無人招呼站,卻有著濃濃的在地風情。

這裡並不是荒涼冷清的小車站,而是張貼著許多昔日村民的黑白老照片、展示著花東線鐵路的歷史、有著濃濃在地人情味的時光驛站。由社區副總幹事韓冠宇夫妻經營的小咖啡館,讓這個小站重新有了人氣與溫度,遊客也多個歇腳和認識在地文化的空間;車站旁還有間紅磚小屋,是擁有近60年歷史的站長宿舍,經由在地年輕人爭取經費整修之後,成為提供遊客體驗站長生活的民宿,別具特色。

沿著東29線往南行,從瑞源社區往鹿野鄉公所方向的路面顯得寬闊而平整,這段道路也是前瞻基礎建設改

從瑞源社區通往鹿野鄉公所的東29線,經過改善工程後,道路寬廣而平整。

善工程之一。鹿野鄉公所建設科黃興芳表示，東29線是當地居民進出的主要道路，由於鐵路為南北走向，造成地形呈現西高東低，一遇大雨東側的排水溝便會因宣洩不及而導致淹水，道路鋪面也出現老舊破損，嚴重影響行車安全；加上纜線與電桿雜亂，影響居民生活品質，故由鄉公所主動提出修繕申請。施工重點則在道路鋪面整建，並調整路段坡度及擴寬路幅，以增加道路的承載能力，減少沉陷；改善街道排水設施，以宣洩強降雨積水；並將纜線地下化，增設路燈，提高市容景觀品質與安全。

鸞山珍貴原生榕樹森林

經過鹿野市區後轉往鸞山方向，再度回到197線，公路沿著海岸山脈蜿蜒而行，兩旁不時有綠樹、遠山和開闊河床景色相伴，頗有馳騁山谷間的氛圍。鸞山部落為布農族的世居地，深入海岸山脈最南端的都蘭山區，擁有目前保存最完整的楠榕混生林帶，其中生長著上千棵珍貴原生白榕樹，樹木枝葉參天、盤根錯節，原始而自然的林相，令人嘖嘖稱奇，又有「森林博物館」之稱。

位於43.6K處鸞山第10鄰外側道路，因為原本排水設施不佳，排水溝

CLSM 路基

CLSM 的全名為 Controlled Low Strength Materials（控制性低強度材料），也稱為低強度混凝土，是一種依一定比例，將泥土、粒料、水加上低磅數水泥攪拌而成的材料。本身具有自我充填的特性，加上水泥的凝結特性，可滿足道路鋪面基底層承載力的需求，解決既有回填砂石級配粒料夯壓不足的問題，成為替代優良級配的新興材料。因為具有免壓實、高流動與可控制的特性，近年來政府公共工程大量使用於管線、管溝開挖的回填作業。

43.6K處鸞山第10鄰外側道路發生路基掏空狀況，使用CLSM路基回填補強後再鋪設柏油，以提高道路的使用年限。上圖為施工前，下圖為施工後。

48.5K 處可以欣賞卑南溪、利吉惡地地形和對岸山里聚落的觀景平台。

容易被樹葉堵塞，遇大雨便發生淹水狀況，甚至造成地表逕流損壞路面，或是下邊坡沖刷淘空路面，道路損害極為嚴重。

梁正儀說明施工重點，「修繕時先清理排水系統，在保留護欄的情況下，回填路面之後嘗試修改水路，讓排水不再溢流造成淘空。」林朝欽則指出，此路段因地質條件不佳，且多年來未曾大規模的整修，使得多處出現老舊剝落、坑洞、車轍及龜裂現象，若僅以柏油鋪面重鋪恐怕無法持久，故利用 40 公分厚的 CLSM 路基回填補強後再鋪設柏油，以提高道路的使用年限。197 線共有 244 處施作 CLSM 路基回填工程，其中 13.4K ～ 22.6K 有 134 處，密度最高。

觀景平台讓人放慢車速

47K 附近路旁有利吉溫泉的露頭，可以看到泉水從山壁上汩汩流出，空

氣中散發著濃濃硫磺味，但水溫並不高，真正的野溪溫泉則在前方的利吉橋下。此次道路修繕工程除了將泉水流洩口的山壁及下方排水溝砌上石頭，賦予溫泉的意象，還把泉水引流到道路另一側，以石頭砌成小池，雖然不能真的泡腳，卻有野溪溫泉的氛圍，也為遊客介紹了當地的特色景觀。

為了讓遊客與單車客能有停留休息、賞景的歇腳處，修繕工程在沿途設計了 5 處觀景平台，展現出這條道路不再以車為主角，而是以人為考量

47K 附近路旁的利吉溫泉露頭。

重點，還有不追求速度而是慢活的宗旨。像是 48.5K 處可以欣賞卑南溪、利吉惡地地形和對岸的山里聚落，一旁就是當地的信仰中心——阿邦安福德祠，還設有觀察劍山及都蘭山斷層三角切面的解說牌。51.5K 的觀景平台則能遠眺利吉惡地與小黃山的特殊地形，也是臺東最知名的地質奇景，並於 109 年 10 月已正式成立為利吉惡地地質公園。惡地由於岩層透水性低，土壤貧瘠，長年無植被覆蓋，所以容易因雨崩塌、產生蝕溝，形成特殊的景觀。遠眺如龍脊般的皺褶瘦稜地景，有種回到遠古時期的感覺，令人印象深刻。

57.6K 處平台的規模較大，正好位於稜線高點，可遠眺山形秀麗的都蘭山、廣闊的太平洋，以及臺東第二大港——富岡漁港，並設置石椅供遊客稍事休息，還有美化環境的花草植栽；旁邊的護欄則是採用木材與鋼構結合的鋼索穿透形式，兼顧景觀、排水且容易維修。行至 58.3K 的最後一處觀景平台，則可盡收臺東最長河流卑南溪的出海口，以及跨越溪流的中華大橋、遠處太平洋上的小小綠島。

眺望惡地與山海景致

若想多欣賞利吉惡地的特殊地形，在富源社區附近還有兩處眺望點，一是從 52.6K 徒步不到 5 分鐘的富源觀景平台，位在地質公園的最高點，擁有 360 度的全視野景觀，可同時遠眺山海景致，一邊是太平洋與都蘭山，另一邊則是如月球般貧瘠荒涼的惡地地形，展望絕佳。

另一處是 55K 日初山莊前的停車場，道路右邊是特殊的利吉惡地景觀，左邊則是臺東市區街景，尤其是入夜後更是欣賞山下萬家燈火燦爛夜景的好地點。也因為白天夜晚都吸引遊客在此處駐足，車流量較大，此次工程便將路段局部拓寬，路面從原本 5、6 公尺拓寬到 7 公尺，方便會車，提高行車安全；並改善鋪面及路邊的

透過景觀平台的修繕，讓 197 線嶔崎磊落的山景水脈一覽無遺。

縣道 197 沿線觀景平台點	
位置	欣賞景觀
48.5K	卑南溪、利吉惡地地形、山里聚落
51.5K	利吉惡地、小黃山
52.6K	太平洋、都蘭山、利吉惡地（地質公園最高點）
55K	利吉惡地、臺東市區
57.6K	都蘭山、太平洋、富岡漁港
58.3K	卑南溪出海口、中華大橋、綠島

排水系統。

完成修繕工程之後的 197 線，不但在主要觀光重點及社區路段進行管線下地及孔蓋下地，並將路基補強、改善路面平整度和排水系統，以及設置 1,880 公尺長的共同溝管，讓沿途社區居民不必再遭受道路坑洞與淹水之苦，成為池上、關山與鹿野三地的安全道路。在觀光上，也設計多處觀景平台讓遊客能放慢腳步，欣賞在地特色景致，使旅途充滿發現的樂趣，真正達到慢活公路的目的。

利吉惡地是臺灣五大地質公園之一，景觀十分特殊。

澎湖

#風景公路 #永續實踐

展現澎湖新美學
點亮北環線
綿延看海的幸福時刻

縣道 203 線是澎湖最長的縣道，也是集澎北景點於一線的要道，自馬公市出發，途經湖西鄉，貫穿白沙鄉，一路通往西嶼鄉，總長共 36 公里。203 線就像是澎湖大動脈，對居民來說是條交通主要幹道，對遊客來說則是不容錯過的觀光路線，景觀功能極其重要。

文字／涂曉蝶　攝影／張家瑋　部分照片提供／澎湖縣政府工務處

澎湖是座盛裝人們許多故事的島嶼，承載著我們與爸媽、同學、朋友、情人、孩子曾有過的一段美好時光。藍天、白雲、沙灘、大海，當夏日來臨，人們準備構畫一場旅行時，澎湖，經常是我們心嚮往之的去處。

「各位旅客您好，我們即將降落，現在澎湖氣溫為 27 度，天氣晴朗。我們很榮幸在此為各位服務，預祝大家有一個愉快的旅程。」當飛機艙門打開，澎湖的風便迎面而來，海水鹹香味撲鼻，倏地關於我們曾在這座島嶼上的記憶與足跡，便全數被喚醒。

自然人文佐美食受國際矚目

澎湖是座迷人的島嶼，在民國 100 年曾獲《Lonely Planet 孤獨星球》評為全球十大祕境島嶼，104 年則又再度獲 Agoda.com 評為亞洲新興旅遊城市。湛藍大海、星砂海灘、硓𥑮石厝、菜宅、石滬、牛車、羊群、廟宇、一落四櫸頭的傳統合院與兩層樓的日式樓仔厝，還有曬海味、拉麵線和小管、炸粿、炸棗、

黑糖糕、仙人掌冰⋯⋯。這裡有自然絕美景色，有先人留給子孫的文化智慧，還有著新鮮肥美的海味及在地的傳統美食。

曾任澎湖縣政府秘書長、建設局長、農漁局長的鄭明源回顧，一直以來，澎湖始終有著源源不絕的旅遊人口，在70年代，其人數約為40萬人。不過，91年發生的525華航空難，卻讓澎湖經歷了一段旅遊黑暗期，直至首度舉辦了澎湖花火節，才成功吸引遊客再度回到澎湖，終於度過了艱難

的時刻。澎湖的旅遊人口也因著花火一年年的綻放，而年年增長。近年，旅遊人數甚至已達130萬至140萬人之多，已然躍身為國際知名海島旅遊勝地。

交通大動脈的華麗轉身

旅遊人數的逐年增長，進而帶動澎湖的諸多發展與建設，其中與旅遊最是息息相關的，即為道路建設。其實在澎湖旅遊，找路很簡單，仔細注意路燈燈桿上的顏色標誌，紅、橙、

> 過去道路以工具的姿態存在於日常，如今作為遊憩網絡，其景觀功能就變得更重要。

縣道 203 線自馬公市出發，通往西嶼鄉，全線串聯澎湖三座跨海橋梁、四座島嶼。

> 203
> 線就像是旅人的嚮導，跟著它一路向北，便能一次蒐集北澎湖不容錯過的景點。

黃、綠、藍各代表一條縣道，隨著路燈記號而走，遊客便能輕鬆去到想去的地方。

在五條縣道裡最受旅人歡迎的，便是以黃色為標記的縣道 203 線。它是澎湖最長的縣道，自馬公市出發，途經湖西鄉，貫穿白沙鄉，一路通往西嶼鄉，因貫穿了四鄉而成為本島主要的動線，總長共 36 公里。203 線就像是旅人的嚮導，跟著它一路向北，便能去到可以走向海盡頭的後寮天堂路、有著大大眼睛的小門鯨魚洞、充滿古意氣息的二崁聚落、巨立在地的大菓葉杜狀玄武岩、單心形狀的虎目滬等景點。

澎湖縣政府工務處處長薛文堂將 203 線比擬為澎湖大動脈，對居民來說是條交通主要幹道，對遊客來說則是不容錯過的觀光路線，「縣道 203 可是集澎北景點於一線的要道。」薛文堂與我們分享，無論是想要前往吉貝島、鳥嶼等澎湖北端島嶼，抑或一窺《出埃及記》中摩西分海的魔幻景象、有著 300 年樹齡的通梁古榕，都須仰賴這條縣道的串聯，「而身為旅遊要道，它的景觀功能就變得極其重要。」薛文堂說道。

在過去，道路是以一種工具的姿態存在於人們的日常生活，然而隨著社會型態的轉變，人們越趨重視生活品質與休閒娛樂，道路也就不再單單只是道路，作為「旅途」的遊憩、景觀功能也逐漸變得重要。

澎湖縣政府希望透過此次前瞻計畫中的閒置空間改造、現有植栽清整、周邊景點加強及夜間照明改善等工程，讓 203 線華麗轉身，以更美的橋景、更安全的觀景處、更明亮的道路，再現澎湖之美。

中正橋防浪牆改為強化玻璃材質，將過去被遮蔽的海景視線，還予用路人。

天人菊花海及透明防浪牆

發動引擎，沿著 203 線探訪澎北。北環線綿延數十公里，車程近 50 分鐘，夏天豔陽高照，冬日季風強勁，要一路向北都不停歇，其實並不輕鬆。約末 15 分鐘後，車子在中正橋前慢了下來。澎湖縣政府工務處技士陳彥彰示意往左望去，竟是絕美的一片天人菊，「這是澎湖縣的縣花。」陳彥彰說。

這片位在中正橋前左側的花海，隨風搖曳像極了是在對旅人招手。這裡是本次改善工程的其中一處，原為閒置空間，在經過天人菊的點綴改造後，搖身成為網美打卡熱點。賞花處設有停車格，並置有以「魚」作為設計的自行車停放架，花海間錯落幾座涼亭供人歇腳，這裡就像是 203 線上的休止符，讓人得以停頓、喘息，然後再繼續向前。散步走進花海中，菊黃色盛放的花朵被綠草襯著，在藍天白雲的烘托下，浪漫氣息特別濃烈。

漫天開花的天人菊隨著雜草而生，薛文堂特別向我們強調，「我們甚至故意不去割草，是為了在遊客面前營造、呈現出澎湖天人菊最原始的生長環境，以及最原本的風貌。」天人菊於冬天枯槁，在種子落入土地、雨水降下後，至春末再度重新綻放，一年四季景致各有其特色。

花海的地勢則是高高低低、起伏變化，其中一處制高點景色更是開闊，得以望海，並遠眺一旁的雁情嶼。「那一個小山丘是我們填出來的！」薛文堂特別解釋，原來此處或高或低的地形變化，是工務處以工程剩餘、不要的廢土、廢料，所堆疊而成的。地形的底層首先以道路的廢料鋪設，

中正橋旁的天人菊花海刻意減少人為維護，營造最原始的生長風貌。

中正橋末端的平台，可由此步行祕徑至雁情嶼。

中正橋旁賞花處的自行車停放架以「魚」作為設計，別富巧思。

天人菊是澎湖縣花。

接著以清港、清理海中航道的沙覆蓋於第二層，最後再使用 50 公分的沃土作為最上層，以種植天人菊。選用縣花，再利用廢料為造景打底，使此處風景不僅美麗，也具有循環再利用的環保精神。

車子繼續駛上中正橋，仔細一看，連橋兩側的防浪牆也別富美感。由於澎湖風大浪大，過去中正橋曾設有兩米高的防浪牆，為求行車安全，不得不捨棄橋上海天一色的美麗景致。而在這次的景觀工程中，縣政府重新思考安全與景觀並存的可能性，於是有了如今中正橋上的玻璃防浪牆。監造單位家園工程進一步說明，這次的防浪牆工程施作，保留 0.8 米原有的防浪牆，只將上半部 1.2 米的防浪牆進行拆除，改以強化玻璃替代，讓過去被遮蔽的海景視線，能夠被欣賞。玻璃防浪牆完工以後，也已通過澎湖冬日 11 級強陣風的考驗，證明安全與景觀可同時兼備。

在中正橋的末端，右側另有一處寬廣大平台，這處平台有一條祕徑，於退潮之際，可由此步行踏浪至雁情嶼。平台上設有無障礙空間，在滿潮時分，即便無法前往雁情嶼，停留於此觀海、賞嶼、吹海風，也別有一番風情。

夜遊跨海大橋賞光雕秀

順著 203 線持續前行，我們來到跨海大橋。它是連接白沙和西嶼的重要交通要道，全長 2,494 公尺，59 年落成時曾為遠東最長跨海大橋，也使其成為旅客駐足拍照的熱門景點。但一直以來，與跨海大橋合影留念的最佳取景位置與車道相鄰，並不十分安全；為提升旅客安全，本次工程特別重新整頓跨海大橋廣場，透過擴大廣場範圍、將拍照點向內導引、設置無障礙空間，並將跨海大橋改建後多年未改善的人行道齊一重新整頓，與廣場連結，從而讓旅客停留、遊憩更安心。

除了提升遊客停留的安全性，此次跨海大橋景觀工程最引人注目的另一亮點，則是夜間景觀的設計。薛文堂娓娓道出設計初心，「我們希望讓旅人感受到，來澎湖不只有白天好玩，夜遊澎湖也是很美好的體驗。」以前，

擴大跨海大橋廣場、改善拍照點標示，讓旅客停留時更安全。

> 希望讓旅人感受到，來澎湖不只有白天好玩，夜遊澎湖也是很美好的體驗。

夜間的跨海大橋重新以線性光雕設計裝飾橋身，成為夜間遊覽新亮點。

跨海大橋夜間昏暗，亦無特色景觀，薛文堂說一直以來，跨海大橋也始終被期許能有夜間照明的設計，這個願望終於得以實現。本次的燈光設計，以線性、平面式的形式，在橋身上設置燈光設施；另外在內海側也做有燈光造景，凡從馬公內海的任何一處望向跨海大橋，都能看到一束光線，在每晚七點至十點進行光雕展演。

跨海大橋的另一「亮點」，則位在大橋入口的拱門上。薛文堂認為，「拱門搭配線燈，能讓旅人在進入跨海大橋之前，感受到迎賓禮遇的感覺。」從前，待天色暗去遊客便一一返回市區，如今則有更多人寧願在此多做停留，體驗夜澎湖的魅力。晚間於此拍照留念，也能留下與日間全然不同的紀念。

路燈全數汰換改善明亮均勻度

　　至夜深時分還停留在西嶼、白沙，大概是許多遊客過去所未曾經歷的。如今，我們能夠好好享受澎湖的漫漫長夜，除了光雕藝術，也因為203線上一盞盞的路燈，照亮了夜的黑。薛文堂指出，203線於92年至93年才開始設立第一批路燈，這批路燈在這20年間點亮了澎北；然而隨著時間過去，路燈也一座座老去。

　　除了路燈老舊的問題，隨著科技的進步，人類生活品質的整體提升，如今人們對於路燈的要求也已然不同。「以前是有亮就好，現在還講求『均勻度』。」薛文堂說過去工務處經常接獲民眾反應，為什麼路燈照明看起

路燈汰換工程將路燈間距自原本每 50 米一盞，調整為每 33 米一盞。

路燈全數換裝後，夜間行車的舒適度與安全感都大大升級。

來一會兒亮、一會兒暗。「這就是所謂的斑馬紋」，其肇因即為明亮不均所導致。明亮不均的問題不僅影響行車舒適度，也影響行車安全性，在雨天尤其危險。薛文堂解釋，當後方車速較快，就可能因為來不及看到處在暗處的前車，而引發危險。「所以整條路都是亮的，沒有暗處，其實很重要，得以有效保護行車人的安全。」

改善路燈明亮均勻度，提升用路人行車安全性，是路燈照明改善工程最開始的初衷，而本次計畫也規劃了203線路燈全數汰換的工程，將原本每50米一盞、每盞400瓦、共667盞的路燈，置換為每33米一盞、每盞101瓦、共913盞的LED路燈。薛文堂分享，在工程進行的過程中曾遭遇民眾質疑：「燈好好的為什麼要更換？」不過這樣的疑問，在完工以後便不再有。「因為改善以後效果非常明顯，整條路的行駛感受上，無論是亮度還是均勻度都非常好。」本次

路燈施工廠商遠傳電信副總經理李鑑政亦言，保障用路安全是人民的基本權益，有效改善用路視線，提升行駛安全，也是提升人權的展現。

除了行車視線的優化，換燈後的省電效果也超乎薛文堂的預期，原本每100米路燈需使用800瓦，完工後每100米路燈僅需303瓦，「雖然總共增加246盞，增幅達30％，但電費反而省了68.97％，每年可節省約90萬度電量。」此外，與傳統鈉燈平均5年至7年的壽命相比，LED燈壽命也更長，薛文堂有信心在此次路燈汰換後，可至少再用20年，能為縣政府省下不少財政支出。

採用LED燈，不但更亮、更安全、更節電、更省錢，也更永續。李鑑政認為，澎湖是一個觀光城市，同時也應該發展成為綠能永續觀光城市。「在氣候變遷下，我們一定要降碳排放量。」將傳統燈具改為LED後，降低耗能就等於是減少碳排。

遠端控制提高道路能見度

值得一提的是，遠傳電信在協助澎湖縣政府完成路燈改善工程的同時，也再優規回饋 30 座智慧路燈與空氣盒子等試運行服務。將傳統路燈連網為智慧路燈後，相關單位便可利用遠端控制平台，隨時確認路燈亮與不亮，甚至還可遠端調整亮度。連網後，也能隨時收集路燈數據，當數據累積足夠，系統亦可透過數據分析或

空氣盒子監測的溫濕度，成為路燈照度調整參考。

是人工智慧預判路燈可能故障的時間，以便工務單位有充足時間事先安排工班，並於適當時間進行查修、保養工作，從而縮短路燈不亮的暗黑時間。

另外，於特定路燈試行架設的空氣盒子，則是用以監測空氣品質，包括 PM2.5、PM10 及溫濕度的裝置。遠傳電信協理陳雅沂說明，澎湖霧濃，有了溫濕度監測，當濃霧發生便可以偵測得知，進而將路燈燈光照度（LUX）調高，提高道路能見度，降低肇事率，從而提升用路安全。

路燈全數換裝後，夜間行車的舒適度與安全感都大大升級。「我住在西嶼，是最有感的！」身為西嶼鄉居民薛文堂說，其實施工的成效比起完工後，在施工過程中反而更為有感。薛文堂猶記當時回家路上，總會經過一

公路熱知識

東北季風下的澎湖工程學

澎湖本地空氣鹽分高，鹽害會嚴重造成腐蝕，於是連當地所使用的車子都必須特別加以防鏽處理。為預防鹽害，本次工程之欄杆、路燈燈桿、路燈基座全數採用不鏽鋼，以延長壽命年限。其中澎湖跨海大橋在東北季風的季節裡，經常有海浪打上橋身的情形，欄杆的防鏽處理便至關重要。依過去經驗，儘管欄杆已鍍鋅處理仍難逃生鏽的命運，因此這次工程特別更換為不鏽鋼材質，再噴塗油漆提升保護力。

路燈同樣會受到鹽分影響，一般來說燈桿鍍鋅厚度為 300 到 400 的情況下有 30 年至 40 年的壽命，然而在澎湖的鹽害環境下，此規格僅能使用約 10 年。為防燈桿鏽蝕，本次工程提高燈桿鍍鋅標準至 610，以提升耐用度。

此外，在路燈與燈接頭的部分，為確保不會因鹽分、濕氣由此滲入，而造成路燈故障，工務處對廠商亦有較高的要求，並審慎注意路燈之防水力，避免空氣中鹽分滲入，造成金屬腐蝕。

段已完工而一段又尚未施工的路段，那一種完工前、完工後的一日體驗，其差異變化最是有感。如今，斑馬紋已不復見，在未來，明亮的北環線甚至可望帶動澎北的夜間旅遊觀光。

克服設計與施工的重重難關

　　然而，這麼大規模的路燈換裝工程於完工之際再回頭看，當初一步一腳印一路走來皆屬不易。澎湖夏炎、風大、鹽害重、又缺工，每一個難題都在在挑戰設計與施工的能耐。日頭燒，工人熱到抽筋，因此需要更多的工人輪替、休息；在風大的環境裡，

就更要抓緊風小的時刻趕緊施工吊燈桿；材料需從臺灣運至澎湖，為避免風大船不開，得提前或盡量多載運材料先至澎湖；因為鹽害，所以每一種選材都要審慎考量。

　　儘管缺工問題嚴重，工程單位為堅持澎湖專案就要與澎湖人合作，回饋澎湖以促進在地經濟，戮力與工班建立朋友關係，再努力自一個工班拉一個工班來施工，不懈 200 日。工程之所以能夠完成，倚靠的是所有工程團隊即便遭遇壓力，仍繼續堅持所撐起的。因為他們知道：辛苦是一時的，而鄉親的幸福卻是長長久久。

澎湖

邁向平權

澎湖對鄉道縣道一視同仁
為你鋪出順暢好生活

澎湖縣公路系統以縣道連結鄉與鄉、島與島之間的流通,以鄉道聯繫村與村之間的交流。村鎮聚落仰賴鄉道連接縣道,鄉道不僅承載了居民的日常,也串連起澎湖各地的觀光與產業,均衡推動整座島嶼的發展,讓美好生活持續前進。

文字╱涂曉蝶　攝影╱張家瑋

通梁

澎 8 線

鎮海

澎 13 線

澎 31 線

馬公　　朝陽　　東衛

湖西

馬公市　　澎 23 線

隘門

興仁

石泉

縣道 205 線

　　清晨四點鐘，天微微亮光，捕蟹的漁船正從此端的碼頭駛向大海，而其他的漁船則已入港灣，魚、蟹、小管上岸，一籃籃或一盤盤地盛裝在攤前。「來看看唷！」港邊魚市充滿朝氣的叫賣聲此起彼落，這座城市早已甦醒。文康街上的早餐店，也只比魚市場晚一點點開工而已，熱騰騰的湯冒著暖暖的白煙，飄升牛雜香氣；燒呼呼的燒餅從甕裡取出，厚軟蓬鬆的口感還帶上窯烤的炭焦香氣。現在時刻六點多。

　　早上七點整，鄉道澎 31 線、縣道 203 及 204 線的人路口上準時充滿車流、人潮。準備走進校園的國中生、正在晨跑的跑者、騎車開車送孩子上學或前往工作地方的人們，大家倏地動了起來，各就各位準備展開這全新的一天。

　　說到澎湖，人們的第一印象是藍天、白雲、大海、沙灘，這裡有豐富特殊的自然地景，這裡有新鮮澎湃的現撈海味，是旅人的夏日天堂；然而這裡也是居住於此地澎湖人的日常故鄉。

大地的祝福 祖先的饋禮

根據考古資料，5千年前澎湖便已有人類出沒採集生活物資的足跡，4千年前七美島上已出現世界罕見的大規模玄武岩石器製造場；至唐宋之際，漢人因著捕魚或為求生來到澎湖拓墾，於是便在此落地安家定居，進而為澎湖聚落發展奠定了基礎。

三代世居於澎湖的土木技師鄭明源，漫談著澎湖在地老故事。「自古以來，漁業一直為澎湖的主要產業，潮間帶物產也非常豐饒，許多家庭都

從事漁業工作。」海洋是大地贈予這座島嶼的饋禮，而陽光對於澎湖來說同是不可或缺。路邊上隨處可見曬魚乾、小管乾、石鮔、丁香、青海菜、麵線的畫面。「這些都需要陽光，僅管澎湖萬分炎熱，卻也是澎湖發展相當重要的基石。」鄭明源説。

澎湖的觀光產業發展隨著時間越趨蓬勃，為島嶼迎來繁榮經濟，不過若沒有在地農漁產業的支持，鄭明源認為會少了那麼一點魅力。澎湖如畫，那幅畫之所以迷人，除了大自然風貌

自古以來，漁業一直為澎湖的主要產業。

漁業飲食文化、西嶼曬麵線，是澎湖島嶼著名的特色景觀，承載著當地風土。

外，人在這塊土地上所刻鑿的生活樣態，更為此處增添一份動人的故事感。

鄉道串連縣道 織出綿密生活網

隨著澎湖觀光興起，越來越多的澎湖人轉而從事觀光產業，也有許多來自外地的年輕人移居澎湖，展開創業之路；隨著遊客人數逐年增加，澎湖民宿的數量也大幅度增長。「觀光的興起帶動了民宿，也帶動了交通建設。」鄭明源回憶，小時候住在西衛，「那路是很狹窄的。」如今澎湖的街道樣貌，隨著發展已是截然不同。

早期，澎湖的交通建設主要鎖定都市計畫區的道路開闢，鄭明源說，印象中當時所有的道路建設都集中在馬公市，郊區建設則較少。「平權就是希望不只馬公市，而是每一鄉的交通系統都能更便利、平順、良好。」

郊區的村落仰賴鄉道連接縣道，因此，除了發展繁榮地區，鄉道的地位也是極其重要。於是，澎湖縣政府開始針對鄉道有更積極的作為，對於鄉道與縣道同等重視。鄉道串連起每個鄉的道路系統，也串連起澎湖的觀光與各產業的發展，便利的交通為整座澎湖島嶼帶來正面效益。「澎湖的道路，可以帶你去到任何你想去到的地方。」對遊客來說是如此，對於居民來說，更是。

十年汰舊換新 道路全面整修

澎湖縣的公路可分為縣道、鄉道兩種，縣道連結鄉與鄉之間，如同縣內的大動脈；而鄉道則是村與村之間的連結，如同小動脈。它們承載了居民的生活，讓整座島嶼的生命得以跳動。

澎湖縣政府工務處處長薛文堂回

憶，澎湖縣的縣道最早的寬度僅 6～7 米寬，在民國 80～89 年，道路才開始逐條拓寬到現今使用的 18 米寬；89～93 年間則是鄉道拓寬的黃金年代，大部分的鄉道都在當時完成拓寬，從 4～6 米拓寬至今日的 15 米。整個澎湖道路的雛形約於 95 年方慢慢成形，為我們今天所使用的樣貌。

道路拓寬完成之後，「養護」成為工務處的工作重點。一般來說，道路的使用壽命約為十年，期間需透過養護以維持道路的健康；然而超過十年後，道路老舊的問題就不再能只憑藉局部性養護，以修修補補的方式來進行改善。而 80 年代所建設的縣道，與 93 年完成拓寬的鄉道，使用至今都已逾 15 年之久。

這次澎湖縣政府取得前瞻計畫的經費，足為使用年限已滿的道路進行全面性汰換。「來得剛好啊！」薛文堂表示，「全面性的養護必須仰賴前瞻計畫。在全面翻修以後，這些道路就可以重獲新生，再用十年。」

選用優良材料 各單位協同作業

澎湖縣政府本次取得前瞻計畫經費的路段，包括 205 線、澎 8 線、澎 13 線、澎 23 與 31 線，薛文堂進一步解釋，本次提升道路品質的建設計畫，主要以「路平」為主要的處理核心；針對車流量較大的路段，從改善路面老舊的問題出發，解決坑洞、路面顛簸等問題，以全面改善用路安全。同時，再針對各路段的個別問題與其他需求，進行一次性的改善，包括人手孔蓋下地、明溝加蓋、排水溝改善工程等。

其中於 95 年完成拓寬的 205 線，使用至今已逾十年，整修前由於管線挖掘等需要，曾多次開挖致使多處坑坑洞洞，經年累月所造成的損壞程度嚴重，儘管縣府戮力進行修復，仍不免留下補釘痕跡。薛文堂描述，以前只要經過這條道路，車子就會一直「跳」，「沒多久就要跳一次！」民眾總是反應此路段路面顛簸的問題。工務處吳宗達也說，「這應該是澎湖

> 道路的使用壽命約為十年，期間透過養護維持道路健康；然而超過十年後，就不再能只憑藉局部修補來改善。

澎湖縣政府工務處處長薛文堂。

本次整修工程以「路平」為主，針對車流量較大之路段進行路面老舊改善，以提升用路安全。

最想改善的路段。」多虧了這次前瞻計畫，縣政府終於有機會為這一條道路做徹底的改善。

此次工程包括將路基已損壞的部分重新置換，選用控制性低強度回填材料（Controlled-Low-Strength-Materials，簡稱 CLSM）等較好的材料，或是較好的級配粒料為路基打底。「有了新的、好的基礎，未來在道路的重新鋪設上，再失敗的機會就會降低。」薛文堂言道。

不過，一條平整的道路除了路基改善、路面重新鋪設外，還有許多功夫藏於其中；像是道路之下有各種管線，諸如中油油管、污水幹管、台電、中華電信等，只要管線有任何需要或問題，道路就必須配合開挖。由於這些管線往往分屬不同單位，如何在道路整建過程中，同時發現既存問題、預想未來需求，並協調各單位及管線共同作業，便考驗著工務處的統御能力。在這次 205 線的工程過程中，即一併發現與處理了中油油管破裂漏油的問題，同時也預埋好未來會使用到的污水幹管，「讓所有問題與需求在一次工程中一起解決，進而減少道路在未來挖掘的次數，才能讓道路平整度維持的更長久。」薛文堂如是說。

經過全面性的整修改善以後，行車感受也大為不同。「使用起來非常有感！」薛文堂與我們分享他所聽聞的縣民回饋，「整個舒暢度非常的好啊！」

幫路面拉皮 安全向前行

　　另一條獲得本次前瞻計畫補助的道路，則是連接馬公、白沙至西嶼的要道澎8線，也是區域性重要的道路。由於往來車量頻繁，為提升道路品質與用路安全，縣政府一直期盼有機會透過翻修，以平整此路段之路面。而這條道路不但具有重要交通功能，傍海而走的漫漫海岸線更別有一番風味，吸引不少單車客來此享受逆風而騎的樂趣。澎湖縣自行車協會理事許榮基表示，在澎湖騎自行車是一大享受，海岸、沙灘、小徑等豐富、多樣的景色，能夠近身感受自然之美的體驗，悠閒、寧靜的氛圍，讓人永遠騎不膩。

　　除了絕景路線，單車客也需要功能性的道路幫助他們完成旅程。許榮基專業地說，騎乘澎8-1線，路程可以減少兩公里。「我們自行車友會騎203線到西嶼，回程時再走澎8-1。」這是在地人的騎法，退休小學老師呂世義說，「它對於自行車友來說是一條捷徑。」車友胡先生則分享，「澎8-1線是我們澎湖人在跑的路。」

　　許榮基與澎湖車友在每年4～9月間，會選擇在週日傍晚騎自行車出發，在島上展開2小時的破風運動，回到馬公市區大多已是晚間七點。天色隨著越夜越暗，許榮基說，「自行車道幾乎沒有照明設備，所以我們中途會切出來走大路，這裡照明才夠。」

澎8線傍海而走，漫漫海岸線景致優美，吸引不少單車旅客來此騎乘，路平成果也讓自行車友皆有感、滿意。

除了路程較短及照明安全的考量外，隨著近年道路整建後，路面的平整度也改善許多。許榮基自信地說，「在澎湖騎車是幸福的，現在澎湖縣的馬路平整度算是非常不錯！我們都建議大家騎公路車，能這樣建議表示我們的道路非常平整。」呂世義補充，對自行車友來說道路平整度非常重要。「不會顛簸，輪胎沒有被刺破的危險性，騎起來才安全。」澎8線的路平成果，連自行車友都有感！

徹底換路基 為道除病根

除了澎8線，澎13線則為另一條區域性重要道路，是西嶼和白沙前往機場的要道，來往車量也相當頻繁。這條路線最大的問題，亦為路面補釘情況嚴重，肇因於過去管線挖掘、埋管後回填材料不佳，致使路基變得不穩，於是儘管道路總致力改善，但仍在改善不久後再一次次沉陷。「因為路基沒有完全重新整頓，所以無論路面再怎麼好好處理，還是照樣壞。」薛文堂仔細地解釋。

澎湖縣自行車協會理事許榮基（中）與他的澎湖車友。

> 澎湖車友說：澎8-1線是我們澎湖人跑的路。所以騎行這條路的人，懂跑！

透過前瞻計畫支持，澎13線才有機會針對所有沉陷區塊做一次體質調整，徹底將不良的部分全數挖起、置換、重鋪，唯有如此才能替此路除病根。另外，這次工程也同時為此路段原本所缺少的兩側水溝進行施作，可謂一舉兩得。

車多不消化 向學校借過

澎23線是自馬公市前往白沙鄉、西嶼鄉的用路人經常使用的道路，時常可見大卡車、遊覽車、公車、專車等穿梭於此。隨著澎湖人口增加，居住需求擴張，加上學校在此，致使此路段車流變得較過往為大。

住在澎23線附近的蔡佳倫說，道路改善以前，中正國中旁側總是停著整排車輛，行車時得閃車，甚至要閃過雙黃線才有辦法通行，更是經常卡在路上動彈不得。「短短30幾秒的綠燈，通常消化不了一排車輛。」她經常眼看著紅燈轉綠又轉紅，就是過不了，只能再等75秒的紅燈。

為了緩解壅塞之擾，縣政府向中正國中借過，商請將土地內縮，拆除原有人行道，再將釋放出來的土地一部分規劃成停車格，讓原本停在白線上的車輛停入停車格；一部分增寬車道，可使用的道路空間就因而增加了。就這樣如變魔術一般，澎23線的路幅變大增寬了，再也不那麼消化不良。

下雨不淹水 積水速退去

澎31線沿路近年多新建案，道路使用狀況變得越趨頻繁，於是成為這次被選做改善的道路。不過除了路平外，更讓居民有感的是排水溝相關工程。住在澎31線附近的居民洪秀緞說，道路尚未整修前經常淹水，「颱風、下大雨必淹，不知道為什麼下雨就排不掉，造成居民很大困擾。有一次颱風來，還差點淹到家裡面去。」事實上，縣政府也一直在為這個問題付出努力、試圖改善，直到這次整修，將水溝重新拆除重做、清淤後，水患才得以完全解決。「再沒有淹過了！」受惠於前瞻計畫，居民不再逢

澎23線商請學校將人行道土地內縮，釋放部分規劃成停車格，增寬車道以消化車流。

雨就擔憂，終能安居於此。

以前只能治標 有前瞻便能治本

薛文堂表示，一般來說，道路的養護週期為 5 至 10 年。澎湖縣政府工務處曾經計算，縣內鄉道若以 5 年為週期來進行養護，每年需編列至少 6,000 萬元的預算才能完成，依目前之情況，實在無法在理想週期內進行道路養護。不過，在沒有道路挖掘的情況下，鄉道的壽命可延長使用至 10 年，於是在經費不足的情況下，若能盡可能地延長使用年限，便能降低經費耗費。另一方面，在道路整建的安排上，也只能優先選擇重要或已損壞的道路先做處理；若無破損，僅是表面老化，都只能延後處理。

「純粹以縣府的經費，就只能靠挖挖補補、一段一段的進行局部改善而已。」薛文堂指出，像 205 線與澎 13 線都是原來路面情況已經很糟糕的路段，過去只能靠一段一段的修補，且修補後也難以維持許久，無法為道路的既有問題進行整體性的改善。「還好有前瞻計畫，讓我們能夠全面性的進行道路改善工程，使許多大面積、需要花大筆經費改善的道路工程有機會展開。前瞻，真的有效！」對薛文堂來說，前瞻計畫就如同雪中送炭，解決了澎湖縣欲整建道

澎 13 線作為機場聯絡道路車流頻繁，路面補釘嚴重，這次終於從路基徹底改善。

澎湖對於鄉道與縣道都同等重視，因為這串連的是在地產業與生活網絡。

路卻經費不足的困境，「以前我們只能治標，有了前瞻計畫的支持，才有機會治本。」在真正治本以後，道路再損壞的機會便能降低許多，薛文堂言道。

在路平以後 刻刻亦不鬆懈

本次提報中央的改善道路，首先以路面破損狀況與交通量來做考量，選擇較迫切需要改善的路段優先處理，也很幸運的，這次澎湖縣政府所提報的道路整建計畫皆獲得核定。其實，獲得補助之後才是工務處任務真正開始的時刻，全面改善道路工程完成以後，如何維護道路的健康與壽命，在在都是挑戰。

要延長道路的使用年限，首要之務即減少開挖。薛文堂表示，在鋪設完成後，工務處接著將嚴格管控三年內除了民生需求，如新建房屋外，不再受理挖掘，具體落實計畫性、公家性案件協調於三年後再行挖掘。此外，

公路熱知識

級配粒料 vs. 控制性低強度回填材料（CLSM）

道路路基大部分使用級配粒料為材料，是以石子、沙子、泥沙組成，再透過滾壓讓壓密度達 95 等級，以成為道路承受力量的基礎。但是若材料不佳，如含有黏土成分，遇水恐導致澎脹，乾後又收縮，時間一久路基就會損壞，發生路面下陷的問題；另外若成份混合不均、配比不對、滾壓強度不夠，亦都有可能影響品質。因此使用級配粒料，材料選擇的精確性就變得相當重要，品管成為路基成敗關鍵。

約從 90 年開始，使用控制性低強度回填材料（CLSM）作為道路管線挖掘的回填材料，優點為只要灌入的材料正確，就具備一定強度，不會沉陷。CLSM 也可用於路面，具施工方便、快速的特性，挖掘完畢、回填後，約一天時間路面即可鋪設。若使用傳統級配，還需進行試驗，確認壓密度是否達標準；試驗不只會拉長施工期程，也會為用路人帶來不便。

本次澎湖縣政府所修築的道路，全數皆使用 CLSM，此材料之強度比原始級配粒料為佳，未來，路面損壞的機會也會降低許多。

除了前端管制，後端挖掘以後品質的稽查也相當重要，兩者相輔相成，才能延長道路的壽命。於是在路平以後，工務處仍需時時刻刻上緊發條，嚴正以待。

雖然道路養護沒有終點，但看著路一條一條的健康起來，薛文堂說心中充滿了成就感。「道路變寬了，生活也改善了，對大家是很好的啊！當道路鋪完的那一刻，線畫下去的時候，當你把車開在上面，當你走在路上，那一種感覺是無以言喻的。」由於工務處與所有工程人員在大風中、豔陽下一點一滴的努力，民眾的生活品質得以整體提升。這一切得歸功於前瞻計畫的支持，以及工程同仁們日日的盡心與盡力完成。

薛文堂展望未來，分享目前正在進行的試驗。廢瀝青對離島來說，是一大問題，無再生瀝青廠、無處堆放、只能堆積如山；未來，工務處盼能落實刨除料瀝青的再利用，以道路刨除料，混沙、水泥作為回填材料，讓從道路而來的能夠回歸道路。澎湖縣政府的下一個願景目標，是讓道路永續，讓使用循環，讓澎湖變得更好。

臺灣公路
與時俱進

臺灣公路經歷 70 多年新闢及拓寬，全島路網漸趨完整。然而隨著生活水準提升、施工技術進步、設計理念現代化及營建管理科技化，民眾對用路的期望也從「求有」升級為「求好」階段；公路不再只是完善交通運輸需求，除了具有基本的安全、便捷、舒適性之外，更需兼備人文自然生態環境考量、提升道路周邊生活品質等多重角色，以符合用路人與環境愈來愈細緻多元的需求。

「前瞻基礎建設—城鄉建設提升道路品質計畫（公路系統）（106-111 年）」正是重新檢視早期公路建設經費或規劃不足之處，補助直轄市及各縣市政府都市計畫區外公路系統進行道路品質改善，並配合客委會浪漫台 3 線計畫的省道路段改善，期盼透過道路品質的提升塑造，更促進民眾就學、就業、通勤與旅遊便利，也成為帶動國內相關產業及促進地方觀光發展的經濟力量。以台 3 線來說，為增加遊憩深度與豐富性，公路總局第一區養護工程處復興工務段、新竹工務段與第二區養護工程處苗栗工務段，經過全面性的整理規劃，在「浪漫 3 線之省道路段品質提升計畫」工程中融入生活與設計思維，在改善道路品質的同時，並依據在地不同特色，整合美化公路周邊景觀，讓公路不只是公路，也是承載客庄人文之美、激發觀光效

益的新景觀大道，吸引遊客隨著路徑導引，體驗客庄山林的美麗深邃。

六大經濟效益有目共睹

透過本計畫補助，各地方政府辦理「人本友善道路及道路幸福設施」、「既有道路養護整建」、「綠色生態路網建置」及「形塑城鄉人文地景道路」等工程項目，提升各地方道路品質、交通安全與生活環境品質。並因應全球氣候變遷，推動道路空間綠化植生、透保水鋪面及雨水滲透及貯留的規劃設計，增加道路的通行空間透水及綠覆率，為周遭降溫、塑造永續減碳的綠色交通環境。

不同於傳統計畫偏重成本效益分析、財務成本、風險報酬等，本計畫效益評估著重於對用路人行車安全有多少提升、各地方生活環境是否改善、促進各地方觀光及擴大國家內部經濟需求帶來哪些影響等。計畫施行以來，六大經濟效益逐步顯現，用路人與道路周邊住民有目共睹、點滴在心：

● 配合道路孔蓋及管（線）種類與數量盤點，辦理孔蓋及管（線）下地工作，道路路面真正達到平整，有效提升用路人行車的安全及舒適度。

- 加強道路空間減災機能，間接達到降低道路災害修復的經費支出效益。
- 以道路綠廊為概念，改善道路斷面植栽配置，強化道路綠廊調節周邊環境提升 CO_2 固碳能力。
- 本計畫改善道路長度 1,200 公里，道路品質改善後，以 60％概估計算安全效益，死亡車禍賠償金額每年減少約 2.4 億元；健保支付車禍醫療費每年減少約 3.77 億元，降低國家財政支出。
- 提升道路通行空間路面品質、道路景觀、道路人文地景，各地方生活品質與生活的安定性同步提升，進而影響鄰近區域土地增值，增加政府財稅收益。
- 透過道路友善空間的建置，可提升各地區整體環境品質，促進民眾旅遊觀光的意願，振興地方觀光產業。

期程因應需求延長 力求效益最大化

計畫執行過程中，中央與地方政府保持密集溝通、意見交流，得知各地方仍有許多道路改善需求，惟「前瞻基礎建設—提升道路品質計畫（公路系統）」經費補助業已完竣，為確保道路工程品質如一，本次修正計畫將期程延長為 106 年 9 月至 114 年 8 月，計畫總經費修正增加為 218.92 億元（新增中央款 100 億元），以滾動檢討方式，繼續協助各地方進行道路改善。除了延續既有工作，更擴大聚焦三大項目，以期將計畫經費效益最大化、全面化：

- 生物友善措施。近年石虎路殺事件頻傳，除了道路緊鄰生物棲息地，道路附屬設施的設計方式及用路人駕駛習慣也

是造成路殺的關鍵因素。因此一併檢討計畫工程周圍是否有特殊物種，透過設置生物廊道、動物防護網設置及動物預警系統等方式，以降低路殺事件發生機率，使公路與環境物種和平共存。

● 行人易肇事路口及安全設施改善。根據調查，行人穿越線設計不良是我國行人於路口發生事故一大原因，本計畫將一併檢討計畫道路交叉路口、步行停等空間及行穿線畫設位置，並透過設置庇護島、行穿線退縮等方式，兼顧行車及步行安全。

● 提升高齡者（學童）通行安全。據內政部警政署統計，103～107年道路交通事故行人死亡人數高齡者占比皆高於60%，究其原因，「未依規定行走行人穿越道、地下道、天橋而穿越道路」及「穿越道路未注意左右來車」分占前兩大主因。因此後續計畫將更重視高齡者通行需求，透過既有號誌秒數檢討、既有號誌牌面放大，以及既有行車號誌下加裝行車號誌等方式，確保高齡者步行安全。

　　公共政策的制定需因應時勢與民眾需求，與時俱進，公路設計亦如是。現代公路以人為本，擔負起縫合生活圈、創造移動新體驗、串連風景、自然永續、帶動地方創生的現代新任務，每一項公路改善工程，都朝向落實「創新、就業、分配」的核心理念勇往邁進。期待讀者在閱讀本書23個地方公路案例改善工程紀實之時，也隨著路徑蜿蜒深入，感受人與路交織的感動物語，體驗公路人為國家公共建設永續而堅持不輟的專業、夢想與熱忱。

智富天下009

路在前方　On the Road
改造23個臺灣公路生活圈

合作出版	天下雜誌股份有限公司（天下雜誌Lab）、交通部公路總局
總策劃	許鉦漳
策劃執行	陳松堂、王韻瑾、林振生、高世翔、賴盈如、賴欣微、 邱琬筑、王正一、林明慶
地址／電話	台北市108萬華區東園街65號／（02）2307-0123
企劃主編	文仲瑄
主編	黎筱芃
採訪記者	李政青、吳秀雲、涂曉蝶、陳俊文、張覓、葉亞薇、鍾文萍
攝影	Ayen Lin、宋岱融、林穎成、野川、張家瑋、楊智仁、劉威震、 賴永祥、盧春宇、謝慕郁
美術設計	化外設計、陳光震
封面設計	許桊崴
執行編輯	吳秀雲、林雨萱
行銷企劃	白雲香、洪楀喬、利安禾
天下雜誌社長	吳迎春
天下雜誌出版部總編輯	吳韻儀
地址	台北市104南京東路二段139號11樓
讀者服務	電話（02）2662-0332／傳真（02）2662-6048
天下雜誌網址	https://www.cw.com.tw
劃撥帳號	01895001天下雜誌股份有限公司
法律顧問	台英國際商務法律事務所‧羅明通律師
總經銷	大和圖書有限公司／（02）8990-2588
出版日期	2021年7月第一版第一次印行
定價	420元
書號	BCTF0009P
ISBN	978-986-398-695-9
GPN	1011000938

國家圖書館出版品預行編目（CIP）資料

路在前方On the Road：改造23個臺灣公路生活圈／李政青，吳秀雲，涂
曉蝶，陳俊文，張覓，葉亞薇，鍾文萍作. -- 第一版. -- 臺北市：天下雜誌
股份有限公司，交通部公路總局，2021.07
296面；19x26公分. --（智富天下；9）
ISBN 978-986-398-695-9（平裝）

1.公路　2.公路工程　3.臺灣

557.3　　　　　　　　　　　　　　　　　　110009240